暮らしのヒント集

ここにならんでいるいくつかのヒントのなかで、
ふと目についた項目を読んでみてください。
たぶん、ああそうだったということになるでしょう。

目次

挿画　フジマツミキ

まえがき

暮らしには、正しいとか正しくないとか、良い悪いはありません。

百人の人がいれば、百の違った暮らしがあるように、世界中どこにいっても同じ暮らしなんてひとつもないからです。暮らしは、人それぞれの心持ちで、人それぞれのかたちで存在しています。

美しい暮らしとはなんでしょう。暮らしの美しさとはなんでしょう。それは、ひとりであったり、家族であったり、大勢であっても、ささやかな愛情と、手のぬくもりによって、おにぎりのように、まあるくこしらえた暮らしを大切にしようとする人の心、ちからとなる働きです。決して日なたに現れるものではなく、目に見えるかたちでもありません。言葉やかたちで言い表せない、触れただけで自然と涙が流れるようなまばゆいものです。

暮らしとは本来、日々何も変わらず、淡々と同じことの繰り返しが続くことです。ひとつも変わらない毎日をこつこつと精進していく。人にとって、それがいちばんのしあわせです。しかし、社会やまわりは日々刻々と変わっていきます。新しいほうへ、また明るいほうへと、どんどん変わっていきます。なぜでしょう。それは成長しているからです。

社会やまわりが成長していくなか、自分だけは変わらないことをしあわせとして留めていてよいのでしょうか。留まっていたら、どんどん自分が古くなっていくだけです。自分らしさを失わないように、変わらないために、もっとも大切なのは、心とからだをいつもやわらかくし、初々しく、素直に生きることです。

素直になるということは、社会と同様、日々成長しようという心持ちです。そしてまた、いつまでも自分らしく、昨日よりも今日、今日よりも明日、明日よりも明後日と、いつも新しい自分であり続ける努力をしていくことが大切なのです。

この「暮らしのヒント集」は、『暮しの手帖』二世紀一号（一九六九年初夏号）に、「家事のヒント集」というタイトルで連載をはじめた記事を一新し、四世紀二十五号（二〇〇六・七年冬号）から再スタートした連載です。今回の単行本は、これまでの連載分に加筆をして編纂しました。

「暮らしのヒント集」は、新しくて、初々しく、素直である美しい暮らしを送るための、ちょっとした工夫や発見、そしてささやかな心持ちを、書き記した言葉の数々です。毎日の暮らしと仕事のなかで、人や自然とふれあいながら、出合い感じたこと、学んだこと、想ったこと、分かち合いたいことを日記のようにメモに残し、「今日はなにを」と実行しながら毎日こつこつと書き続けました。

いちにちの終わりに、「今日いちにちありがとうございました」と感謝したときに、ぽっと心に浮かんだことが暮らしのヒントになることも少なくありません。その多くは、感謝と反省によって、芽が出て花開くように生まれるともいえるでしょう。

美しい暮らしに大切なものが、もうひとつあります。それは人間らしさです。人間らしさとはユニークであること。人の魅力は、美しさだけではなく、ユニークさもあることを忘れてはいけません。ユニークさには人間のあたたかさがあります。ユニークさの後ろには笑顔があります。笑顔とは楽しいということです。

「暮らしのヒント集」は、暮らしから生まれた、日々を楽しくするためのユニークな言葉の数々です。正しさや、真面目さや、こうでなくてはいけないというルールは微塵もありません。そして答えもありません。ひとつやふたつ読んでみて、ふっと笑顔が湧くような、ささやかで、小さな暮らしの物語ともいえるでしょう。

僕のこれからの夢は、世界中の人それぞれに暮らしがあるように、「暮らしのヒント集」も、世界中の人それぞれにあって、それを世界中の人みんなで分かち合うことを『暮しの手帖』で実現することです。

毎日の暮らしのなかで工夫したこと、発見したこと、出合ったことなどを「暮らしのヒント集」として書き記しておきましょう。そしてそれを、たくさんの人と交換し合い、分かち合い、学びましょう。それはきっと、初々しく、新しく、素直な、美しい暮らしの糧になるに違いありません。

さて、今日はなにを。

平成二十一年四月

暮しの手帖編集長　松浦弥太郎

第一章　工夫と発案

暮らしを豊かに楽しくしてくれるのは、ささやかな工夫です。
工夫とはあなたらしさでもあります。

1

今夜は一度も作ったことのない料理を、何かひとつ作ってみます。きっと、いつになくにぎやかな食卓になるでしょう。

すべてのことに言えますが、楽しさとは新しさです。今まで知らなかったことが知れたときくらい楽しいことはありません。料理もそうです。新しい料理に挑戦してみる。そういう心持ちだけで、台所や部屋のなかは、ぱっと明るくなります。なんだか今日は楽しそうだという雰囲気に満ちてきます。失敗しようと成功しようと結果はどうでもいいのです。挑戦しようという気持ちが家庭をにぎやかにしてくれるのです。

新しい料理は、自分自身にもたくさんの発見を与えてくれます。その発見がいつもの定番料理に変化を与えてくれます。たったひとつ新しい料理に挑戦するだけで、自分の知っている料理すべてが変わるかもしれません。

2

いつも食べているお味噌を替えてみましょう。お味噌汁の味がいつもと変わって、みんなが喜ぶかもしれません。

3

靴下は、靴よりひとつ小さなサイズのものを履きましょう。小さめの靴下を履けば、足首にできるしわも少なくなります。

4

家中にある、一年以上使わなかったものを、そろそろ処分してはいかがでしょうか？処分してみると、こんなにスペースを使っていたかと驚きます。

5

少しだけ食事の量を減らしてみませんか。腹八分といいますが、七分くらいにして、そのぶん、料理をよく噛んでみましょう。体調が整います。

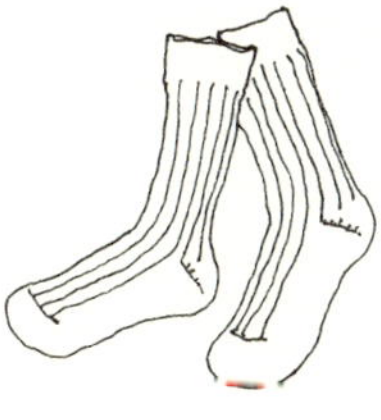

6

いつもする家事が何分かかるか、大体の時間を計ってみましょう。洗濯機の時間や、お風呂が沸くのが何分など、知っておくと、いらいらしません。

7

おかずの切り方を変えてみましょう。味噌汁のお豆腐を大きく切ったり、白菜の漬物を細かく切ったり、ちょっとしたことで食卓の感じが変わります。

8

手のひらを太陽にあてると元気が出ますが、ときどき、裸足になって足の裏も太陽にあててあげましょう。もっと元気が出ます。

9

文庫本のカバーは思い切って捨ててしまいましょう。そのほうが並べたときにすっきりときれいに見えます。

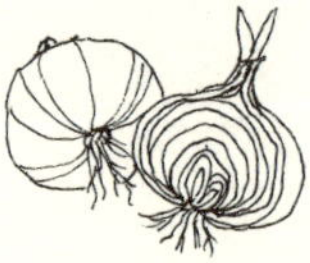

10

ひとつのコンセントにたくさんのコードをつないでいませんか？　それは、たくさんの電化製品を使っているということです。コードの少ない生活を考えましょう。

11

古くなったサンダルを捨てましょう。それだけで玄関がぱっと明るくなります。サンダルは、暮らしに無くてもいいものかもしれません。

12

本屋に行って詩集を一冊買いましょう。知らない作家のものでも、すばらしい作品がたくさんありますから。

13

出かける前だけでなく、出かけた後にも地図を見てみましょう。自分が行った場所や周辺の地域がわかると、もっと親しみがわいてきます。

14

気に入った布があったら、自分で服を仕立ててみましょう。どんな服にしようかと考えるのも楽しいものです。

15

たとえば千円と決めて、家族や友人へささやかなプレゼントを買ってみましょう。何をあげたら喜ぶかを考えることは、うれしいものです。

16

家のなかだけでもショートパンツにはき替えてみましょう。若々しくなって、家事もはかどります。

17

最近、寝つきがよくないと思うときは、思い切ってパジャマを新しくしてみましょう。うれしい気持ちと、すがすがしさで、ぐっすり眠れます。

18

今日はティッシュペーパーを使わない日と決めましょう。ティッシュペーパーの箱がなくなると、部屋がすっきりします。

どんなに部屋のインテリアを整えても、片隅にティッシュペーパーの箱が置かれたとしたら、すべてが台無しになります。そのくらい、ティッシュペーパーの箱は味気なく、見栄えがよくないものです。どうしても使いたい人は、見えないところにティッシュペーパーの箱を置きましょう。

便利だということで、使わなくてよいことにもティッシュペーパーは無駄遣いされています。毎日のことでしたら、布巾や雑巾、タオルで済むことが多いのです。また、鼻をかむときも、家のなかでしたら、ハンカチや手でかんで、水で洗えばいいのです。この際ティッシュペーパーは外出用と考えてはいかがでしょう?

19

バッグは小さいものを持ち歩くように心がけましょう。必要のないものがたくさん入った大きなバッグは、せっかくの着こなしを台無しにしてしまいます。

バッグの中身は、知らぬうちに増えてしまっているものです。心配性の気持ちも手伝って、あれもこれもと小物を持ち歩いていませんか?

中身が増えると、バッグも大きなものを持ち歩くようになり、その重さでからだも疲れてしまいます。肩に掛けて持ち歩けば、肩の高さのバランスが悪くなり、肩こりや頭痛の原因にもなります。すてきな着こなしでも、大きなバッグのせいで、見た目のバランスが悪くなっている場合があります。大きなバッグは歩き方さえ悪くしてしまいます。おしゃれをしたときほど、バッグの中身を整理して、小さなバッグで出かけるようにしましょう。大きなバッグはエレガントではありません。

20

自家製調味料を作ってみませんか。料理の幅がぐんと広がり、味にも変化ができて、新しい発見があるでしょう。

何でも手に入る便利な時代ですから、必要なものがあればお店に買いに行くことで済ませてしまいます。

しかし、必要なものがあったら、まずは自分で作れないか、と考えることを忘れてはいけません。そうすることで、毎日の暮らしのなかから工夫と発見が生まれます。

たとえば、マヨネーズやドレッシングは好みのままに作れますし、お味噌だって家庭で作ることができるのです。ひと手間かけることで買わなくて済むものはたくさんあります。そして、手作りすれば、その工夫と発案を人と分かち合うことができます。今まで買ったもので作っていた料理の味わいが変わることも幸せです。自分の味なのですから。

21

洗濯をするとき、白いものと色ものは分けましょう。色ものは色おちすると、白さを染めてしまいます。

22

どんなことでも、まずはお金を使わずにできるかを考えてみましょう。それが工夫の一歩になります。

23

思い通りにいかないことや、むつかしいと思うことに出合うのは、あなたが前に向かって歩いている証拠です。工夫をしてみましょう。工夫とはあきらめないことです。

24

お気に入りのハーブティーや紅茶のティーバッグを、いくつかバッグに入れておきましょう。出先でちょっとしたときにお茶を楽しめますし、お友だちに差し上げたりしてもよいでしょう。

25

トイレやお風呂の電球をもう一段明るいものにしてみましょう。それだけで広くてきれいになったように見えてきます。

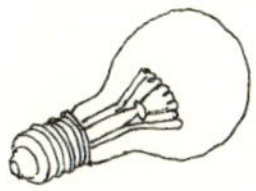

落ち着いた暗さも時にはよいものですが、トイレやお風呂場は、明るいほうがよいものです。掃除するときに、気がつきにくい汚れが見えて、いつもよりもきれいに掃除ができます。

広い部屋は、間接照明が部屋をより広く、美しく見せてくれます。しかし、逆に、狭い部屋の場合は、直接照明のほうが広く見えて美しいものです。

暮らしの照明は、めりはりをつけると、部屋が立体的に感じられて、気持ちも安らぎます。部屋によっていろいろと明るさを試してみて、自分にとって心地よい明るさを見つけましょう。水回りこそ、明るさが必要なのがよくわかるでしょう。

26

体調のすぐれないときこそ、簡単な日記をつけましょう。起床時間、食事について、就寝時間を記録するだけで、生活習慣がわかり、原因が見えてきます。

元気のないときこそ日記が役に立ちます。病気の原因になる生活習慣を発見できますし、自分自身を観察できるからです。

一日の行動だけでなく、今日の自分が、心身ともに元気なときの自分にくらべて何パーセントだったかという自己分析も記録しましょう。あくまでも主観になりますが、今の自分を多少なりとも知ることで、不安な気持ちは軽くなります。いわば、心とからだの健康日記です。

毎日書こうとがんばらずに、書けるときだけと決めるのもよいでしょう。以前、元気がないときに書いたものを読むだけでも役に立つことがあります。健康について悩んでいる人へのアドバイスもできるでしょう。

27

今日はいつもと違う靴を履いて出かけましょう。なんでもない日だからこそ、足元から気分を変えてみるといいものです。

28

好きな布で、カーテンを二枚か三枚作ってみましょう。ときどきカーテンを替えてみると、模様替えをしなくても部屋の雰囲気がぐっと変わります。カーテンを洗うきっかけにもなります。

29

朝、目が覚めたら、ベッドのなかで今日一日、何をするかを考えます。することがたくさんあれば、うかうかしていられず、すぐ起きるでしょう。

30

はじめての町に行ったときは、朝、町を歩いてみましょう。人やお店が動きはじめる時間ですから、町の雰囲気がよくわかります。

31

大変な仕事は、自分を見つめるためのいいチャンスです。新しいことを学ぶチャンスだととらえましょう。

32

着なくなったブラウスやカーディガンはありませんか？　時代遅れのように見えるものでも、ボタンを替えるだけですっかり見違えることがあります。

33

自分のおじいさんやおばあさんの履歴書を書いてみましょう。一緒に暮らしていても、意外と知らないことが多いものです。履歴書は、もっとも簡潔な自分史なのです。

34

毎日、何人の方に、おはよう、と声をかけますか？　かぞえてみましょう。おはようの数を増やしていくことを楽しみましょう。

35

トーストは焼きたてを食べるにかぎります。焼いてバターを塗ったら、まとめてアルミホイルに包んでしまいましょう。食べるときに、オーブンで、もう一度あたため直すのも簡単です。

せっかくおいしく作った料理は、おいしいままでいただきたいものです。あたたかいものはあたたかいまま食べるのが一番おいしいのです。そのために何かひとつの工夫やアイデアを。

料理は、作っておしまいではなく、それを食べてもらうひとときまでの心配りも含まれます。食べやすいためにはどうしたらよいか。あたたかさを保つためにはどうしたらよいか。おいしく見えるためにはどうしたらよいかなど、あれこれと気がつくかぎりに考えましょう。質素な料理でも、おいしく食べてもらう心配りが加われば、ほんとうにおいしいご馳走になるのです。また、食べる人は、うれしい、ありがとうという気持ちでいただきます。

36

雨の日はたくさん花を買ってきて、家のところどころに飾ってみましょう。暗い部屋のなかが、ぱっと明るくなりますし、いい匂いもします。

雨の日は部屋のなかが暗くなりがちです。それは自然のことですからよいのですが、気持ちをぱっと明るくするために、部屋のところどころに花を飾ってみましょう。雨の日はお花屋さんに行きましょう。そして小さな草花をたくさん買って帰るのです。

たとえば、雨の日は花の日と決めてもいいくらいです。部屋のなかに花をたくさん飾ると、ほんとうに部屋の雰囲気が明るくなるので不思議なものです。いい匂いが気持ちを落ち着かせてもくれます。

雨の日の訪問にも花を持参しましょう。受け取った方は、きっと喜んでくれるはずです。家のなかの花を欠かさないように気遣うことはよいことです。

37

いろんなことにお悩みのあなたへ。自分の心とからだに耳を澄ませて、自分の歩調で歩いていけばいいのです。

39

食料庫に、買ったことを忘れている食材がたくさん入っていませんか？　一週間に一度、ストックしてある食材で晩ご飯を作る日を決めましょう。まずは、あるものから使いましょう。

38

ひと月に一度の、新月の日に、自分の望みを考えましょう。それを紙に記すことが大切です。

40

契約をするときや大きなお金を払うときは、一人で決めずに、一度家族や友人に相談しましょう。自分の身は自分で守らなくてはなりません。

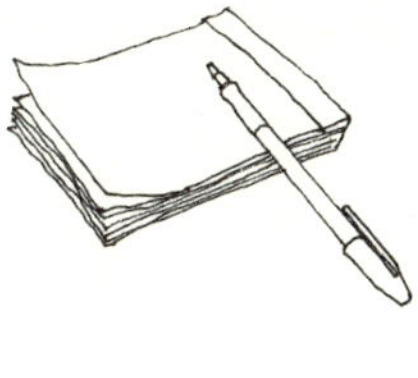

41

食卓の座る場所を変えてみましょう。いつの間にか、誰はどこと決まってしまい、いつも同じところを見ながら食事をしているわけです。たまには違うところを見て食べると、感じが変わっていいものです。

「変わらないために変わる」という言葉があります。よく考えてみると、とてもむつかしい意味が含まれています。自分自身、そして仕事や暮らしといったことは、常に成長することが大切です。成長というのは変化しているということです。しかし、いつもしあわせに、このあたたかな雰囲気、やさしい日々が変わらないことを祈る私たちですから、今のまま変わらずにいたいと思っています。
　そうです、変わらないためには、日々成長という変化をしなければなりません。変わらないためには新しさが必要ですから。日々の習慣をちょっと変えてみるのも変化のひとつ。新しさのきっかけになります。変わらないために変わる。新しさを保つ努力です。

42

部屋に色のルールを持ちましょう。基本の三色を決めて、それ以外の色はなるだけ外しましょう。部屋が、ぐんと落ち着きます。

部屋のインテリアを考えるときは、どんな家具を置こうかとか、何を飾ろうかと悩む前に、色のバランスをどうするかを決めることです。

茶、白、グレイや、黒、白、茶といったふうに、好みの三色を基本色として決めておくと、家具やカーペット、カーテンやクッションなどを選ぶときに悩まなくて済みます。

そしてまた、三色で統一された部屋ですから、常にインテリアの調和がとれて、落ち着いた雰囲気を保つことができます。基本色を決めていないと、次から次へといろいろな色が置かれるようになり、安らぐためにある部屋が、何ひとつ落ち着かない部屋となってしまいます。色のあるものは収納に工夫します。

43

お店で自分が欲しいと思ったものを、ふたつ買って、ひとつを友だちにプレゼントしてみませんか。お気に入りをおそろいで使うのは、うれしいものです。

44

ベランダに植物を植えてみましょう。蔓性の一年草などは、夏のあいだの日よけにもなりますし、いつも見ている窓辺から緑が見えるのは、心が安らぐものです。

45

面倒くさいことにこそ面白さがあるものです。面倒くさいからと言ってやらないのは、とても損なことです。

46

明日は起きぬけに行進曲をかけてみましょう。支度がテキパキとはかどるみたいです。

47

インスタント食品やファーストフードを食べるのは、ときにはよくても、習慣にしてはいけません。何か工夫すれば、それを食べなくてもよい方法は見つかるはずです。

49

お年玉を用意しておいて、昔もらったことのある方へ差し上げましょう。お正月が過ぎても、失礼なことではありません。

48

ひも靴を履くときは、足を入れたあとに踵をトントンとならし、踵の位置を固定しましょう。正しい履き方でないと体の重心がくずれてしまい、歩くのが苦痛になります。

50

旅をするとき、目的地に早く到着することばかり考えがちですが、時間をかけてゆっくり途上を楽しむプランを組み立ててみましょう。目的地にたどり着くまでが旅ですよ。

51

日曜日の朝、天気がよかったら、外でご飯にしませんか。ごく簡単なお弁当を近所の公園などで食べるのです。散歩もかねて、気分も変わります。

家の決まった場所で食べるご飯ですが、たとえば、今日はリビングで食べてみるとか、時たま食事の場所を変えてみると、団らんの雰囲気に変化があり、楽しいものです。

どんなものでも屋外で食べるとおいしいように、天気のよい休日にいつもの料理をお弁当箱に詰めて、公園で囲んでみましょう。景色を見ながら青空の下で食べるご飯はちょっとした贅沢です。友だちを誘って、お弁当を持ち寄ると、にぎやかになってよいでしょう。

わざわざ遠くに出かけるのではなく、歩いて行ける近くの公園でいいのです。近くであれば、疲れることがないので、お年寄りも誘って行ってみましょう。きっと喜ばれることでしょう。

52

なにかひとつ、楽器を習ってみませんか？　一年間続けてみると、驚くくらいに上達します。自分の好きな曲を弾けることは、とびきりうれしいことです。

楽器に挑戦してみたけれど、うまく覚えられなかった苦い経験が、誰しも一度はあるでしょう。

今度はきちんと習うことで、もう一度楽器の習得に挑戦してみましょう。楽器があると、暮らしに彩りができて、とても楽しく、豊かな気持ちになります。どんな楽器でも、ゆっくりと時間をかけて練習を続ければ、一年後には、必ず、家族に披露できるくらいになるはずです。

このように、昔はできなかったことでも、今ならできることは沢山あるのです。一度くじけたことなんて忘れて、新しい気持ちで楽しみましょう。楽器ができると、退屈な時間もなくなります。

53

ときには家のなかでの休暇を楽しみましょう。何もしない一日と決めて、心とからだを休めるのも、充実した休暇のひとつです。

54

バッグのなかに、小さな布袋を入れておきましょう。旅先で大きな荷物をあずけたときや、お土産などで荷物が増えたときに便利です。

55

持ち味を生かすことは、あらゆることの成功へのヒントです。自分の持ち味とは何かと考えてみましょう。素材を深く知るということです。

56

友だちと一緒に、笹の葉で小舟を作りましょう。そして、近くの川に流しに行きましょう。自然のなかで遊ぶと、心が大きくなるものです。

57

大切な人に今度会ったら、何をしようか、何を話そうかなど、日々思いついたことをメモしておきましょう。意外と忘れてしまうものですし、次に会う日が楽しみにもなります。

大切な友人や恋人と会うときは、会う前からうれしさで心が踊るものです。会っていなくても、普段から、その人と分かち合いたいと思うことがたくさんあるでしょう。

しかし、会ったときに話そうと思っていたことがあったのに、実際会うと、何か話したいことがあったような……と思い出せないことが少なくありません。ですから、あの人と分かち合いたいと思ったことはメモに書いておきましょう。そして、会ったときに必ずそのメモを持っていって、話をするとよいでしょう。そうやってあなたが話をしてあげると、相手もあなたにいろいろな話をしてくれるでしょう。そしてお互いに、次に会うのが心から楽しみになります。

58

一年を通じて娯楽の予定を立ててみましょう。映画、演劇、コンサート、旅行など、この季節に一度、などと決めておくと、仕事や生活のはげみになりますし、無駄遣いもなくなります。

一年間の予定というのは、どうしても成り行きまかせになってしまうものです。そして、あっという間に過ぎてしまいます。

年のはじめでなくてもよいので、今年一年の予定を考えてみましょう。季節の休暇や連休などを確認して、旅行や娯楽を予定します。一年のなかで、ほんの少しでもよいので、暮らしや仕事から離れて思い切り楽しむ行事を考える。そうすると、そのために貯金をしたり、節約をしたり、目的のある計画が立てられますから、毎日が楽しみで満たされます。

満たされない毎日を過ごしているとストレスが溜まり、無駄遣いをしたり、遊びすぎたりとよいことはありません。成り行きではなく、常に目標と計画を立てることです。

59

料理をする人は、常にものを生かすことを心がけましょう。どれだけ素材がよくても、料理法がわるければ、しっかりした味は生まれません。

料理の基本は、よい素材を見つけることです。普段は、食べたい、作りたい、という思いが先にあって、料理が決められがちですが、その料理を作るための、よい素材がなければ仕方がありません。考えを変えなければ、結局、わるい素材で作ることになります。

今は、冷凍も含めて一年中なんでもありますので、よい素材が何かという意識も薄れています。よい素材を手に入れたら、素材を生かす料理を心がけましょう。素材がよければ、余計なことをしなくても立派においしい料理になります。味の〝濃い薄い〟が、おいしさではありません。ほんとうの味は、素材のよさがはっきりと引き立ったもの。そのための料理法を学ばなければいけません。

60

いやなことが起きてばかりいるあなたへ。いやなことがいっぱい貯まると、幸運と交換することができるといいますよ。

不思議なもので、いやなことは度重なって起こるものです。大なり小なり、ひとつ解決しても、またひとつと起こるのです。しかし、こんなときこそ冷静にならなければいけません。自分を被害者にせず、原因は、すべて自分のなかにあると考えて乗り越えましょう。

その人が乗り越えられない試練は、その人には起こらないという言葉を信じましょう。あせらずにゆっくりでいいのです。いやなことから逃げずに、一つひとつあめ玉を溶かすように理解することが大切です。

いやなことは、よいことが起きるための貯金と思うと、気持ちが楽になります。そのぶん、これからの自分によいことがたくさん起きると信じましょう。

61

家のまわりの地図を手書きしてみましょう。目印を探すことでいろいろな発見もあります。友人を招くときにも役に立ちます。

62

お金の使い方を考え直しましょう。金額によって使い方を変えてはいけません。賢い人は、一円の使い方と百万円の使い方が同じといいます。

63

国が悪い、政治が悪いと落胆ばかりしていては、社会はよくなりません。よりよい社会は政治家にゆだねるのではなく、市民がつくっていくものです。

64

できあいのものを食べるときは、パックのままではなく、器に盛り付けたり、野菜を添えるなど、必ずひと手間加えましょう。そのまま食べるのは味気ないものです。

65

いつもはがきを持って出かけましょう。外出先から便りをもらうのは、とびきりうれしいものです。

66

眼鏡をかけている人は、顔を洗うように、眼鏡も毎日洗いましょう。鼻や耳にかかる部分は皮膚のあぶらがついていて意外に汚れているものです。

67

家中の靴を全部出してみましょう。いち二足は、一年以上履いていない靴があるものです。処分しましょう。修理の必要なものは靴屋に出します。

68

本棚の整理をしましょう。読まなくなった本は、古書店に持っていくか、「どうぞご自由に」と書いたメモをつけて、ゴミの回収場所に置いておきましょう。

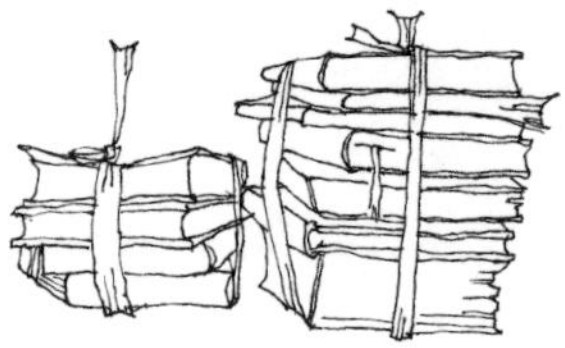

69

誰かのお宅にうかがう約束があったら、前の日に届くようにお花を送ってあげましょう。あなたがうかがったとき、きれいにお花が飾られているとでしょうし、相手にも喜ばれることでしょう。

70

パスポートの有効期限が切れていませんか？　滅多に使わないものだけに忘れがちです。旅行の準備は万端なのに、肝心のものがないのではどうしようもありません。

71

下着は、お風呂に入ったときにさっと手洗いする習慣をつけましょう。下着を長持ちさせるうえでも大切です。

72

前髪を上げて、おでこを出してみましょう。運気が上がるといいますよ。

73

冬は、陽の当たる窓辺にマフラーや手ぶくろを置いておきましょう。使うときにぽかぽかあたたかくなって気持ちがいいですよ。

74

年のはじめに、不慮の出来事を想定したお金を、別のお財布に用意しておきましょう。使わなかったり余ったりしたら、暮れにまとめて貯金しましょう。

75

今年の目標は立てましたか。目標は、仕事とは関係なく、自分自身のしあわせをイメージしたものを立てましょう。そして必ず紙に書きましょう。

76

一日ぼんやりしてみませんか？　からだの力を抜いて、何をするでもなく一日を過ごしてみることも、ときには必要です。

77

何事においても失敗は成功のもとです。失敗を喜びましょう。なぜ失敗したかを考えること、それは暮らしや仕事を豊かにする最初の一歩です。

78

キッチンペーパーを使うのをやめて、台所に古布を置いてみましょう。考えていたほど不便ではありませんし、気兼ねなく汚れを掃除できるでしょう。

79

旅行に行くときに、録音機を持っていってはいかがですか？　鳥の鳴き声や波の音、市場のにぎわいなど、町の音を記録します。写真やビデオとは違った楽しみがあります。

80

朝、昼、夕と食事の時間を決めてみましょう。特別なことをしなくても、決まった時間に食事をするだけで自然と体調が整います。

81

駅から歩くとき、家までの道順を人に教えるとしたら、どう言うのか、考えながら歩いてみましょう。きっと新しい発見があります。

82

玉子と牛乳があったら、自家製アイスクリームを作ってみませんか？　しゃかしゃか混ぜて、冷凍庫から取り出すときのわくわく感といったらありません。

83

お母さんやおばあさんのお下がりは、どんどんもらっておきましょう。後々、きっと着てみたくなりますよ。

84

お姑さんと出会えてよかった、と思えるほどしあわせな結婚はありません。また、そう思われるほど立派なこともありません。

85

眼鏡と髪型は、人にすすめられたものにしてみるのもいいでしょう。自分では気づかなかったことが見えたりして、はっとするものです。

86

家計簿をつけてみましょう。一円、二円まで細かくつける必要はありません。どんなことにお金を使っているか、大まかに知るだけでよいのです。

87

いつもと違ったペンを使って手紙を書いてみましょう。ペンの線にはそれぞれ個性がありますので、気分が変わって楽しいものです。

88

料理をする前に、どの順番でどう動くかシミュレーションしましょう。動きがスムーズになりますし、料理の出来栄えもよくなります。

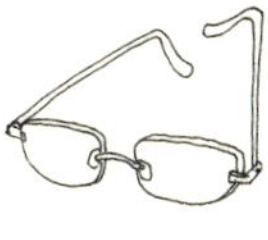

89

新しいことをはじめるときは、何かひとつ習慣になっていることをやめましょう。人は、そんなにたくさんのことはできませんから。

消費者である私たちは、次から次へと新しい情報を知らされ、与えられ、暮らしに刺激を受けています。そういったなかで、あれもしたいこれもしたいと欲求だけが先走り、気がつくとどれもが中途半端で終わってしまっていることが少なくありません。

新しい何かをはじめることはとてもよいことです。しかし、自分の状況を見極めることが必要です。部屋のなかに置くことのできる家具に限りがあるのと同じで、何かひとつ増やすのであれば、何かひとつ減らすことが大切です。

人の持つ容量は目に見えないものですから、ついつい底なしと思いがちです。注意しましょう。

第二章　今日もいちにち、ありがとさん

豊かな暮らしは、一日いちにちの積み重ね。
それはまた、感謝の積み重ねなのです。

90

今夜は粗食デーにしましょう。味噌汁にお漬物とか、ありあわせのおかずで間に合わせます。明日は今夜のぶんもご馳走にしましょう。

91

菜箸を替えましょう。先がこげていたり、長さがちぐはぐになっているのを捨てて、思い切って、新しいのにします。

92

お風呂は、夜入るようにしましょう。お風呂は、一日の汚れを落とすと同時に、疲れもとってくれるものです。眠りも深くなります。

93

熱めのお湯を、やかんいっぱい用意して、流しの排水口に注ぎ込みます。流しの水はけがよくなり、気分もすうっとします。

94

公園など、土のあるところへ行って、はだしで歩いてみましょう。忘れていた感触がよみがえってきます。

95

歯の点検に歯科医院に行きましょう。虫歯はなくても、歯周病など、早めの治療が大切です。

96

外から帰ったらすぐにうがいができるように、洗面所のコップはいつもきれいにしておきましょう。

97

今日こそゆるんだ水道のパッキンを取り替えましょう。家中の蛇口をチェックします。

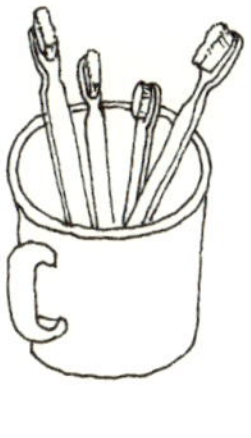

98

今日はフルーツたっぷりの一日にしてみませんか？　体調を整えることにもなりますし、軽やかな気分にもなります。

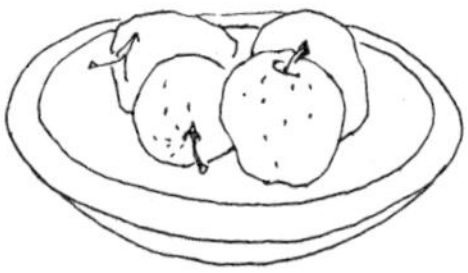

食事を規則正しく、適した量で、適した時間にとることは、なかなかむつかしいことです。しかし、規則正しく食事をしないと、食べすぎや、偏食になってしまい、健康のバランスを崩してしまいます。

そんなときは、からだをリセットさせるつもりで節食をしてみましょう。ほんとうは一日食事を抜いて、からだをしっかりと休ませるのがよいのですが、仕事や学校があると体力も必要になりますから、そうもいきません。ですから、今日一日をフルーツ中心の食事にして、からだを休ませ、リズムを整えるのです。空腹を我慢しなければなりませんが、今日一日だけとがんばりましょう。次の日は、思った以上にすっきりします。

99

ひと息ついたら、手をよく洗ってハンドクリームをつけて、マッサージしてみましょう。よく働く大事な手です。大切にしましょう。

人と話をしているとき、相手の手に、意外と目が行くものです。手が汚れていたり、爪が伸びていたり、肌が荒れたまま手入れされていなかったりすると、その人の暮らしが手に現れているように思ったりします。

手は暮らしや仕事を助けてくれる大切な道具。ですから、もっとも愛さなくてはいけないからだの一部ではないでしょうか？　手の手入れができている人は、とても好感が持てるものです。いつもマッサージやストレッチをして血行をよくし、ハンドクリームで肌を守ってあげましょう。ささくれや爪の手入れも習慣にしましょう。働く手ですから、痛んだり、傷ついたりしますが、手入れをすることで美しい手が生まれます。

100

花を買いましょう。高級な花でなくても結構です。一輪でも何本でも。部屋の見えるところに置くと、心が落ち着きます。

生きているものが暮らしのなかにあると、心がやさしくなります。しかし、だからといって、きらびやかな花は、はじめはその美しさに目をうばわれますが、一日中見ていると疲れるものです。

暮らしに飾る花は、野草が一番似合います。日々の生活ではいろいろと忙しいことがあったり、予測できない出来事があったりして、心があたふたしますが、そんなとき、言葉なくして心を癒してくれるのは、静かにたたずむ花だったりします。

そして、できたら、花に向かって一日に数回、「きれいに咲いてくれて、ありがとう」と声をかけてあげましょう。きっと、さらに花を開いてくれるでしょう。

101

寝るときには、パジャマを着ましょう。寝るだけだからといって、Tシャツと短パンで済ませる無精はやめましょう。

102

疲れた日の夜は、少しだけ炭酸水を飲みましょう。気分がすっきりしてストレス発散にもなりますし、整腸作用もあります。

103

おみやげを買うとき、ひとつは自分用に探しましょう。人にあげるときとはちがった発見があって楽しいものです。

104

扇風機やクーラーの掃除をしましょう。見違えるようになって、出てくる風まで心なしか涼しくなります。

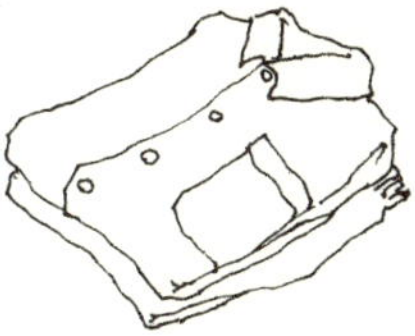

105

晴れた日を選んで、タタミを拭きましょう。その後は窓を開け放って、風を通しましょう。

よく晴れた日は、いつもより部屋をきれいに掃除するうってつけの日です。きつくしぼった布でタタミの拭き掃除をしましょう。意外と汚れていてびっくりします。一度拭いたら、から拭きもしましょう。そうしないと、タタミは濡れたままですので、汚れを集めてしまいます。から拭きしても、なかなか水分はとれませんので、部屋の窓を開け放って、風を通して、からりと乾燥させます。表面がさらさらになったら完了です。

タタミの目がほころんでいたり、傷んでいたら、できるだけ早く裏返しや表替えをしてもらいましょう。ほころびをそのままにして、タタミ床を傷めてしまうと、タタミ丸ごと換えなくてはならなくなりますから。

106

一週間に一日くらいは、お化粧をせずに過ごす日をつくりましょう。からだと一緒で、顔もゆっくり休ませてあげる日が必要です。

108

靴下をひと通り新しいものに替えてみませんか？　足元がさっぱりして、気持ちよく出かけられることでしょう。

107

新聞に見なれない字が出ていたら辞書をひいてみましょう。新しい言葉を覚えると、世間がひらけた気になるものです。

109

裁縫箱を整理しましょう。さびた針やよれた糸は処分して、新しいものに取り替えます。

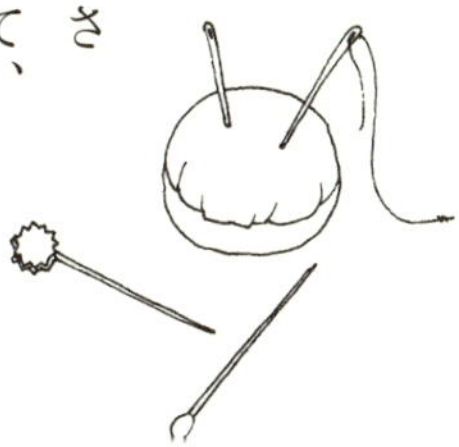

110

健康診断を受けに行きましょう。車に定期点検が必要なように、人のからだにも定期点検が必要です。自分のからだを過信してはいけません。

111

いつもうす切りのパンなら、今日は思い切って、厚く切ってみましょう。おいしさもちがいます。

112

家中の枕カバーを新しくしましょう。よく洗うものですから、意外と傷んでいるものです。気持ちがすっきりして、よく眠れることでしょう。

113

朝は、トイレを掃除しましょう。便器だけではなく、床や戸棚など、ふだん見落としがちな場所もきれいにします。これだけで今日一日がうれしくなります。

114

ちょっとだけいい器を買ってみませんか。いい器を使うと、料理が自然と上手になるものです。

料理に使う器はどんなものでもいい、と思ってはいけません。料理をしながら、この料理はどんな器に盛ったら、もっとおいしく見えるのでしょう、いただけるのでしょう、と考えることは大切なことです。いろんな料理を生かすことができるシンプルでいい器を選べば、器の数は少なくて済むものです。

そして、食卓に料理を並べるときは、無雑作にするのではなく、器の一つひとつをどんなふうに置いたら美しく見えるのか、考えます。食べるときは、「いただきます」の言葉の前に、食卓を見て「わあ、おいしそう」と思えるように、心がけましょう。いい器に盛ることを思うと、料理にもやりがいが湧いてきます。

115

パソコンなどで眼が疲れていませんか。一日の終わりにホットタオルをつくって眼をあたためてあげると疲れがとれますし、リラックスにも役立ちます。

116

今日は好きな人に手紙を書いてみましょう。投函しなくても、自分の思いを素直に書くことで気持ちが整理され、あたたかな気持ちになります。

117

たわし、スポンジ、まな板、水切りかごなど、流しのまわりで、普段濡れていることが多いものを、陽に干して乾かしましょう。

118

しあわせな結婚とは、いつでも離婚できる状態であるけれど、離婚したくないと日々思いながら暮らすことです。

119

買ってきた野菜は、できるものは常温に置きましょう。もともと外で育つものですから、なんでも冷蔵庫に入れる必要はありません。

120

神社などで買ったお守りの整理をしましょう。古いものは、神社やお寺に持って行って納めましょう。

121

夕ご飯のあとに、家族みんなで夜の散歩をしてみませんか。そのまま喫茶店に立ち寄って、おしゃべりしたりするだけで、いつもと違った会話が楽しめるでしょう。

122

ひと月に一度くらいは、羽目を外してお酒を飲むことも大切です。休日前に親しい人と、家でのんびりしながらゆっくりと楽しみましょう。次の日は寝坊しましょう。

123

今日は一歩ゆずってみましょう。その一歩が、そのまま新しい一歩を進めるちからになるものです。

この世の中には、競争原理で成り立っているものがたくさんあります。競争というのは、いつまでも終わることがありません。終わるときは、すべてが崩壊し、無くなってしまうときです。また、競争は言葉を変えた争いであることも知らなければいけません。そういった社会のなかで、暮らしながら仕事をする私たちに必要なことはなんでしょう。

一歩ゆずることは、損をすることでもなく、負けることでもなく、失うことでもありません。ゆずり合う精神の先には、共存の世界があります。それは、共に生きる、共に生かし合うということです。私たちの暮らしは、生かし生かされる世界でなくてはいけません。競争はもうやめましょう。

124

早起きしてホテルへ朝食をとりに行きましょう。ホテルのレストランは早朝から営業しています。たまには贅沢もいいものです。

125

たまには写真館で家族写真を撮りましょう。できあがりがわくわくしますし、飾るためのフォトフレームを選ぶのも楽しいことです。

126

バッグの中に、よく使う薬を入れておきましょう。出先で急におなかが痛くなったり頭痛がしたときに大助かりです。

127

昔よく読んだ詩集や小説を、もう一度ゆっくりと味わってみませんか。しっとりと豊かなものを感じます。遠い思い出が浮かんできたりもします。

128

寒い夜は、布団に入る前に湯たんぽを入れておくと、足元がポカポカして気持ちがいいものです。朝は、湯たんぽのお湯で顔を洗います。

129

窓辺に小さなランプを置いてみましょう。外から見えるランプのともしびが、ひとの気持ちをあたためます。

130

枕にアロマオイルを数滴たらして寝てみましょう。心地よい香りでぐっすり眠れます。不眠気味の人におすすめです。

131

手帳に、自分の住所や電話番号、血液型などを書いておきましょう。手帳を無くしたときや、万が一事故にあったときに必要な情報になります。

132

ひとつの仕事が終わったら、必ず休憩しましょう。そして少し前の自分と違った自分を見つけてあげましょう。


がんばりすぎていませんか？

　与えられたことを、責任を持って処理するだけが仕事ではありません。それよりもっと大切なのは、仕事をするための自分のコンディション作りです。どんなにがんばって、すばらしい仕事を果たしても、無理した結果、からだを壊したり、心の状態を不安定にさせてしまっては不幸でしかありません。大切なのは休憩です。

　それは物理的な方法だけでなく、精神的な方法もあるでしょう。仕事は成長が伴うものですから、その変化を自覚することも必要です。昨日の自分と、今日の自分の違いを見つめることで、何に疲れていて、どのように休憩したらよいかがわかります。

133

今日は一日、お年寄りのお相手をつとめましょう。お茶を飲みながら、ゆっくりと昔話を聞いてあげたり、一緒に出かけたりします。

お年寄りとの暮らしのなかで、一番わくわくするのは、昔話を聞かせてもらうことです。それは、自分が知らない時代のいろいろなことであったり、体験した人だけが知る、貴重なほんとうの話だからです。楽しいだけでなく、勉強にもなりますから、お年寄りからはできるだけいろいろな話を聞きながら、一緒に出かけたり、おいしいものを食べたりして、おしゃべりをたくさんしましょう。

聞いたことは簡単なメモにして残しておくと、聞きながら、話と話のつながりが見えて理解が深まります。悩み事があったら、思い切って相談してみるのもよいことです。きっと、お年寄りならではのアドバイスをもらえるでしょう。

134

一カ月に一度、わがままの日を決めてみましょう。その日は自分のわがままを存分に発揮して楽しみます。気分がすっとします。

135

今年中にやらなければならないことを、メモしておきましょう。ひとつずつ済ませたら消していって、忘れずに片づけましょう。

136

台所に小さな椅子を置いてみませんか？　料理の合間にちょっと腰かけると、それだけでずいぶんラクになります。気分転換にもなります。

137

休日は携帯電話を家に置いて出かけましょう。無くても意外に困らないことに気がつきます。

ある日、携帯電話を家に忘れて出かけたことがありました。最初は慌ててしまいましたが、少したてば、あきらめざるをえないことに気がつきました。理由なく不安な気持ちになりましたが、仕方がありません。

しかし、携帯電話を持たないその日は、とても清々した気持ちで一日を過ごせました。知らぬうちに私たちは携帯電話に支配されていたように思います。もともと緊急用に作られたものですから、せめて休日は携帯電話から解放された一日を過ごしてみましょう。

誰かとすぐにつながることができる安心感は、人の暮らしのなかでは便利であっても、ある意味、不自然なことです。使い方を考えるよい機会かもしれません。

138

自分よりも他人を大事に思う気持ちを忘れていませんか。人を愛するとはそういうものです。

139

音楽会に出かけましょう。プロの演奏家でなくとも構いません。生で聞く音楽は、それだけで格別なものです。

140

のどだけでなく、鼻のうがいもしましょう。鼻がむずむずするのは、鼻の粘膜にほこりがついているせいです。鼻をかむより、洗い流します。

141

テーブルマナーを復習しましょう。わかっているようでわかっていないことがたくさんあります。いざというとき困ります。

142

何かひとつ、自分にプレゼントしましょう。理由を書いたギフトカードも作ってみましょう。明日もがんばろうと元気になります。

143

晴れた日には、布団を干してシーツを洗いましょう。寝るときにふっくらして気持ちがいいですし、お陽さまの匂いでぐっすり眠れます。

144

出かける前に忘れものがないかチェックしましょう。日傘や帽子は持ちましたか？　気づかないうちに熱射病になってしまうのですよ。

145

靴底がすり減っていないか、ときどきチェックします。表面はきれいに磨いていても、靴底がすり減っているとみっともないものです。

146

つらいことがあったら、一日ねころがって過ごしましょう。明日になれば、きっと元気になれます。

つらいことが起きたときは、無理してがんばらないことです。誰にでもつらいことは起きますし、それによって元気を失うことは、ひとつも悪いことではありません。あなたが正常な人間である証拠です。

そんなときは、暮らしや仕事をお休みして、一日何もせずにねころがって過ごしましょう。落ち込んで、何もしない、だらしない日があってもいいのです。そうやって、力を抜いたり入れたりすることを覚えておくと、何かあったとき、自分を逃がす場所を作れて助かります。病気やけがはわかりやすく、心の状態はわかりにくいものですが、自分をごまかして無理しないように。存分に休んでこそ、明日は元気になるものです。

147

夜寝る前に、軽く手足を伸ばしたり曲げたりして、ストレッチをしてみましょう。手足があたたまりますし、よく眠れるようになるでしょう。

仕事が終わっても、家に帰れば家の用事が山とあり、すべてを終えて床につくときの安堵感といったらありません。今日も一日おつかれさまと、自分をほめてあげましょう。

そして、よく働いてくれたからだにも感謝の気持ちを込めて、寝る前に15分くらいかけてストレッチをしてあげましょう。人の動きはどうしても内側に向くことばかりなので、肩や背中、腰、手足を広げるようにゆっくりと伸ばしてあげます。静かに息を吸ったり吐いたりしながら、無理のないように行います。からだから力が抜けて、寝つきがよくなります。朝の目覚めもすっきりして、元気よく起きることができるでしょう。朝の背伸びもていねいに。

148

天気がよかったら、歯ブラシに日光浴をさせましょう。よく水で洗ってコップにさし、窓辺に置くだけでよいのです。

149

落ち込んだり、気分が優れないときには、まだ明るいうちから銭湯に行ってみましょう。大きなお風呂にざぶんと浸かると、不思議とイヤな気持ちも忘れてしまいます。

150

親孝行をしようと思っていても気恥ずかしいときは、レストランを予約して、両親を食事に招待してみましょう。旅行もいいかもしれません。

151

髪型を変えると、服も表情もうんと変わって見えます。いつも会っている人からも、まあ、と声をかけられることでしょう。

152

フルーツや野菜は、常温が一番おいしく食べられます。サラダを冷蔵庫で冷やすのはおすすめしません。

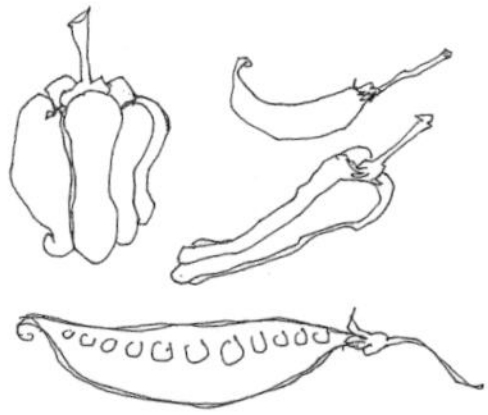

火の入っていない料理、たとえば、野菜サラダや、フルーツを使った何か、お刺身などもそうかもしれません。そういったものは、新鮮さを失わないためにと、食べる前に冷蔵庫で冷やされがちです。

しかし、それらの一番おいしい食べ方は常温であることを知らなければいけません。歯にしみるくらいに冷やされた野菜やフルーツがおいしいはずがありません。冷やすことは腐らないようにすることで、おいしく食べることではないのです。ですから、冷やしておいたものでも、食べるときには常温になるよう心がけましょう。食べる人のことをよく考えて、一番おいしい状態で出すことが、料理の心得のひとつです。

153

うれしいとき、楽しいとき、かなしいときに、誰の顔が浮かびますか?　その人はあなたのかけがえのない人です。ありがとう、と感謝の気持ちを伝えましょう。

154

砂糖や塩の入れものなどを、一度全部あけて洗いましょう。よく乾かして入れ直すと、すっきりとします。フタが壊れていないかも見てみましょう。

155

お風呂のマットが古くなっていませんか?　新しくしてみましょう。足ざわりもさわやかに、お風呂上がりの気分もすっきりします。

156

疲れたときは、寄り道して喫茶店にでも行って帰りましょう。あたたかいお茶を一杯飲むと、ふうっと肩の力が抜けてきます。

157

掃除機の掃除をしましょう。外せる部品の接合部などが意外に汚れているものです。吸い込み口は特にきれいにしましょう。

158

今日は、野菜サラダにドレッシングをかけるのをやめましょう。どうしても物足りないときは、塩をひとつまみふります。

159

一日だけ日記を書いてみましょう。毎日は大変でも、一日だけなら気軽に書けます。楽しかった一日なら楽しみが新たになり、いやな日なら書くことで胸がすっきりします。

160

骨董屋さんに入るときは、荷物を入り口に置いたり、指輪を外すなど、ちょっとした心配りが大切です。お店の人にひと声かけるのも忘れないように。

161

よき隣人であることを常に心がけましょう。家でのことだけでなく、職場でも道端でも、電車のなかでも同じです。

今、あなたはよき隣人といえますか？　誰しも多かれ少なかれコミュニティの一員であることに違いありません。住んでいる地域、学校や会社という組織などいろいろありますが、あなたは必ずどこかに所属しているはずです。そのコミュニティにおいて、すべての人が、よき隣人になろうという意識を持たないと、みんなの望む平和な社会は成り立ちません。

たとえば、電車のなかで、よき隣人であることを想像してみましょう。迷惑な座り方をしない、お化粧をしない、音楽を鳴らさない、乱暴な行動をしない、ゆずり合う、言葉をかけ合う、などなど。よき隣人であることは、社会人としての絶対条件です。

162

部屋にひざかけを一枚置いておきましょう。それでも寒いときは、しょうが湯や豆乳を飲んで内側から体をあたためます。冷えは万病のもとです。

163

食卓にテーブルクロスを敷きましょう。明るい地色や模様など、好きな布地をさっとかけるだけでも、楽しく食べる雰囲気がわいてきます。

164

寒い夜には半身浴がおすすめです。ぬるめのお湯にみぞおちまでつかり、肩にタオルをかけて、ゆっくり芯まであたたまりましょう。

165

新しい町に引っ越してきたら、まず、交番や病院がどこにあるか確認しておきましょう。何かあったときに慌てなくて済みます。

第三章　うたうようにゆっくりと

料理、洗濯、掃除など、どんな仕事も、うたうようにリズミカルに行いましょう。
心とからだをひとつの音楽に合わせて働かせましょう。

166

テーブルにコップを置くときは、静かに置くことを心がけましょう。やさしいしぐさが気持ちをやわらげます。

人の考えていることや、思っていることは、案外、その人の言葉だけではわからないものです。では、何でわかるのかというと、その人の行動や所作によって、はっきりとわかるものです。

人の行動や所作は、言葉よりも正直です。それを自分自身にあてはめてみましょう。ドアの開け閉め、物の置き方、からだの動かし方、椅子の座り方、料理の食べ方、歩き方、話の聞き方、あいさつの仕方など。気をつけたいことだらけです。

日々のちょっとした行動や所作で、人を傷つけたり、驚かせたり、不快な気分にさせたりしていませんか。自分では気がついていないことがたくさんあるはずです。

167

風邪をひいて、お風呂に入れないときは、足だけでも洗って、あたためましょう。さっぱりして気分がよくなります。

風邪をひいてしまったときは安静にしているのが一番です。しかし、どうしても汗をかいたりしますので、お風呂に入ってすっきりしたいものです。国によっては、風邪をひいたときは水分をたっぷりとって、お風呂にゆっくり入るのがよいともいいます。それも一理ありますが、やっぱり大事をとって安静にし、体力を回復させるのがよいでしょう。

風邪のときだけでなく、病気でお風呂に入れないときは、一日に一度、足だけでも、お湯でよく洗って清潔にし、あたためてあげると気分がすっきりとして気持ちがよいものです。体調の悪いときは足の裏が硬くなったりもしますので、よく揉んでやわらかくして血行をよくしましょう。

168

長く愛用している辞書や本のページのふちが折れまがっているのを、丹念に伸ばしてやりましょう。使い古しのままですと、さらに傷んでしまいます。

169

縄とびをしてみませんか。ぴょんぴょんと5分もやると、身も心も軽くなります。

170

目的なく商店街をぶらりと散歩してみましょう。いつもは目につかなかったところに、意外に欲しいものが見つかるかもしれません。

171

とろとろと気長にストーブでお豆を煮てみませんか。小豆、大豆、うずら豆など、丸一日もかければ、おいしく、食卓の楽しみになるでしょう。

172

大切な人はどんなスピードで日々を歩んでいるのでしょうか。どんなときでも相手を追い抜いていかないように、置き去りにしないように相手を思いやって、歩みをそろえてあげましょう。

毎日、当たり前のように一緒にいる家族や恋人ですが、自分の気持ちや行動が、時たま相手よりも先へ先へと進んでしまうことがあります。

相手と自分は、姿かたちも違い、それぞれが持っているスピードも違います。相手を思いやっているときは、お互いが多少無理しても相手に合わせようとしますが、慣れてしまうと、相手のスピードを忘れてしまって、知らぬうちに置き去りにしてしまうことがあります。

相手のスピードを知りましょう。歩みをそろえてあげましょう。子どもと歩くときのやさしさを思い出して、手をとって共に歩いていくことが大切です。

173

植木鉢の向きを変えましょう。日に向かっている側だけ芽が伸びて、曲がってしまいます。水をやるついでに、まわしてあげましょう。

174

しまっていたセーターを出して、天気のよい日に陰干ししましょう。からりと乾いて、ふんわりとなります。

175

早めに起きて、朝食をたっぷり食べましょう。ちょっと手をかけた栄養のあるものを作ります。ただし、油っこいものは避けましょう。

176

なんとなく気分が落ち着かなかったら、やかんを磨いてみませんか？　不思議に気分が落ち着くものです。

177

車の運転中、割り込みをされて、いちいち怒るのはやめましょう。他人とはなから目的地が違うわけですから、どうぞとゆずる気持ちを持ちましょう。

178

忙しくて掃除機をかけるひまがなかったら、手で大きなゴミや、糸くずだけでも拾いましょう。見た目だけでもきれいになるものです。

179

家の中の照明を見直してみましょう。工場や事務所に向くような明るすぎるものは、暮らしには適しません。

180

暑い日は花瓶の水に氷を浮かべてあげましょう。花も暑さでまいっています。こうしてあげれば、花の持ちも違ってきます。

181

忙しいという一言でなんでも済ませてしまうのは、余裕がない証拠です。第一、いいわけがましく聞こえて、いいものではありません。

182

読書に疲れたら、眼の体操をしましょう。顔を動かさずに、眼をぐるぐると上下左右に動かし、遠くの青空や緑の木を眺めます。

183

玄関を掃除しましょう。普段はほうきで掃くだけですが、今日は水とたわしで洗ってみます。見違えるようにきれいになって、家の雰囲気が明るくなります。

184

火を使っているときは、火元を離れないようにしましょう。電話も要注意です。いざというときのために、たらいに水をためておくと安心です。

185

やさしくすればすくすく育つし、冷たくして傷つければ枯れてしまいます。人も草花と同じように、それほど強いものではありません。

草花は心を込めてやさしく育てれば、すくすくと育つものです。水さえあげていれば、自然と育つものだという考えは間違いです。

人に対しても同じことがいえます。生き物というのは、一見、強いように見えますが、実はとてもデリケートで、複雑で、弱いものです。人間も草花も、他の動物も一緒です。

ですから、人や草花、その他の動物に接するときは、相手が自分と同じ生身の生き物であるということを、常に忘れてはいけません。自分がされていやなことや、つらいと思うことは、してはいけません。そして、どうすれば生き生きと育つのだろうかと想像し、心を込めて世話することが大切です。草花が枯れるには原因があります。

186

救急箱のなかを確かめましょう。古くなっているもの、足りなくなっているものを新しく買い足して、いつでも間に合うようにしておきます。

救急箱のなかには、古くなった薬や用具が残っていることが多々あります。うっかり間違えて、古い薬を飲んでしまったら大変ですから、常に確認して、古くなった薬を捨てるようにします。薬には必ず使用期限がありまs。言うなれば、薬は生ものです。また、必要な薬や用具をそなえておくことも大事です。病気やけがはいつ起こるかわかりません。特にお子さんがいる家庭では注意しましょう。

そして、救急箱の蓋の内側に、かかりつけの病院の名前と連絡先をいくつか書いておくと、急なときに役立ちます。タクシー会社の連絡先もあるとよいでしょう。家族の平熱や血液型、アレルギーなどを書いたメモがあると、慌てずに済みます。

187

登山中、人とすれ違うとき、挨拶をするものですが、普段、狭い道で人とすれ違うときも、挨拶を心がけましょう。

山登りをしたことがある人ならおわかりでしょうが、山道ですれ違うときは、必ず、こんにちは、と挨拶をするものです。このように、山には人と人のふれあいがあります。

しかし、都会で暮らしていると、普段、道で人とすれ違っても挨拶をしませんね。広い道であれば、逆に不自然ですが、狭い道においては挨拶をしないほうが不自然ではないでしょうか。少なくとも会釈くらいはしたいものです。

挨拶は知っている人だけでなく、他人に対しても行う礼儀のひとつです。たとえば、電車のシートに座るときに、隣の人に会釈なり、挨拶をするものです。他人同士がやさしい声をかけ合うことは、社会人のマナーです。

188

病気のときは、普段気づかないものがたくさん見えるものです。とても大切なものが発見できるときともいえます。

長い間、病気やけがで入院をしたことがあります。そのときは気持ちがめげて仕方がない毎日でしたが、普段の暮らしでは気がつくことのなかった家族や友人、まわりの人の、自分を思ってくれる深い愛情や親切に、はっとさせられました。

そしてまた、寝たきりだったりしますと、時間がたっぷりありますから、ゆっくりと自分自身を見つめるよい機会にもなり、散らかっていた心のなかの整理もできるものです。今、自分が病気で寝込んでいるということは、何かを気づかせてくれるチャンスでもあります。ものを心で見る意識を高めてみましょう。あなたにとって、うれしい発見がいくつも見つかるでしょう。

189

映画やお芝居を見に行ったら、内容や感想などをノートにメモしておくとよいでしょう。ときどき見返してみると、案外楽しいものです。

190

遠方の友人が来たときは、帰りに手土産を持たせてあげると喜ばれます。旅行中は忙しいものですから、お土産を買うひまがなかったりします。

191

クッションや座布団などを陽に干しましょう。よくふくらんだ座布団に、背筋をしゃんと伸ばして正座して、おいしいお茶をいただきましょう。

192

さみしいときは、いつもより元気な声で人に声をかけてみましょう。黙りこんでいて人に声をかけることを忘れていた自分に、ふと気がつきます。

193

怒ってばかりいませんか？　怒ったり文句ばかり言っていると、癖になってしまいます。やさしい気持ちを心がけましょう。

194

気分が落ち込んでいるときは、何かひとつアクセサリーをつけて出かけましょう。憂うつな気分も晴れてきますよ。

195

ときどき近所の神社にお参りに行きましょう。気持ちが改まります。お参りに行くときは、午前中のうちに。早起きにもなります。

196

時間ができたときには、図書館に行ってみましょう。本を眺めてみて、読みたいと思ったものを片っぱしから読んでいくのです。

197

すぐに取り出せるところに懐中電灯を置いておきましょう。停電やブレーカーが落ちたときに慌てずに済みます。

198

今日は子どもとめいっぱい遊びましょう。おにごっこやしゃぼん玉、カルタなど。子どもだけでなく、大人だって遊んでもいいのです。

199

肌の手入れをする前に、睡眠時間を考えましょう。どんなに高価な化粧品で手入れをしても、睡眠が足りなければ肌の健康は保てません。

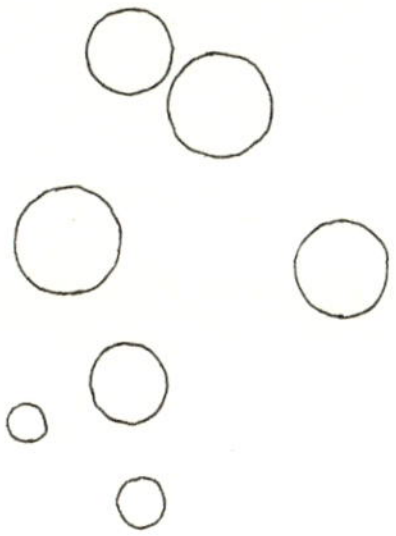

200

朝食はできるだけゆっくり食べましょう。時間が無いからといって早く済ませてしまうと、すぐにおなかがすいてしまいます。

忙しい朝にゆっくりと朝食を食べることは、なかなかむつかしいことと思います。しかし、せめて15分は、朝食だけの時間を作ってみましょう。何かをしながらではなく、きちんとテーブルに座って、椅子に深く腰かけて、静かに朝食をいただきます。よく噛みしめながら、おいしさを味わいます。すると、からだも心も目が覚めてきて、元気が出てきます。

急いで朝食を食べても、それはからだによくありません。あくまでも行為として食べたというだけで、心とからだは満足しません。ですから、すぐにおなかがすいてしまって、仕事や暮らしに集中できなくなります。たった15分、朝食と向き合うことのできない人が、他に何ができるのでしょう。

201

寒い日こそ胸をはって歩きましょう。それだけでとてもおしゃれに見えるものです。せっかくおしゃれをしても、背中を丸めてしまったら意味がありません。

寒くなると、いろいろと着こなしのおしゃれが楽しめますね。しかし、どんなにすてきな洋服をセンスよく着こなしても、姿勢がよくなかったら何もかも台無しです。

外に出かけて観察してみましょう。何十万円もする上着を着ていても、背中を丸めていたり、足に合わない靴を履いているせいか、歩き方の悪い人がたくさんいますね。そういった人たちは、高級な上着を着ているのに、安くてよくない上着を着ているように見えてしまうから不思議なものです。

冬のおしゃれは、姿勢よく歩くことと心がけましょう。着ているものが高級品でなくても、胸をはって姿勢よく歩けば、とても上質な洋服に見えるのです。

202

眠れない夜は、部屋の散らかりを片づけてみましょう。終われればぐっすり眠れるはずです。

眠れない夜というのはあるものです。疲れすぎたとき、悩みがあるとき、気持ちが落ち着かないとき、原因はそれぞれでしょう。

そんなときは、無理して眠ろうとせず、ベッドから起きて部屋の片づけをしてみましょう。もしくはバッグのなかや、引き出しのなかでも構いません。終わってみると、なんだか不思議と、気持ちがすっとしていることが多いのです。心の落ち着きも取り戻せたことでしょう。

そして、窓を開けて、部屋の空気も入れ替えてみましょう。さっきまで悶々としていたことでよどんでいた空気も消えて、さわやかな雰囲気になります。これで、安らかに眠ることができるでしょう。

203

自分あてに手紙を書きましょう。思い切りほめてあげましょう。そして、返事を書きましょう。

204

朝起きたときと、お昼の休憩、寝る前に、大きく深呼吸をしましょう。何度か繰り返すと酸素がからだに行き渡って、リラックスできます。

205

本屋さんへ寄って、のんびりと、ぶらぶらしてみましょう。新しい世界、おもしろい世界が、きっとひらけます。

206

今日は誰とも話さずに、黙々と仕事に集中してみましょう。週に一日くらい、そういう日は誰にでも必要です。

207

ほんとうに欲しいものは何か、と静かに考えてみましょう。自分自身の本当の姿が見えてきます。自分を知ることは、暮らしを豊かにします。

208

一時間早く起きて、今日着る洋服のアイロンをかけましょう。それだけで気持ちがしゃんとして、一日心地よく過ごせます。

209

気に入ったグラスを一つ持ってみましょう。お茶、お酒など、飲むのが楽しくなります。使った後はきれいに洗って、布巾で磨くことも忘れないように。

210

しばらく会っていない友人に電話してみましょう。元気な声を聞くと、手紙とは違ったうれしさが湧いてきます。一度かけて互いに時間を決めて、かけ直すのがおすすめです。

211

混みあった電車では他人を思いやりましょう。まずは、すみません、ありがとうの一言が大切です。

毎日の混みあった通勤電車はとてもつらいものです。つらいから人はいらいらして、他人を思いやる気持ちを忘れてしまい、自分以外のことに無関心を決め込んでしまうのです。そして、殺伐とした雰囲気になるのです。

しかし、どんな状況であろうと、自分を後回しにして、他人を思いやり、許し、ゆずり合う気持ちを忘れてはいけません。他人を大事に思う気持ちを忘れなければ、いつも平静にやさしい気持ちで過ごせるはずです。

他人のことなど、私にはまったく関係ない、と思ってはいけません。常にまわりをよく見て、知らない人にも「大丈夫?」と言葉をかけたり、笑顔を向けることが、人を愛するということです。

212

一日に一度、大好きな人のことを考えます。いくつになっても、恋する気持ちを忘れてはいけません。

恋をすることは、自分に素直になるということです。人の心は自由です。素直な気持ちはあなたの心をさらに自由にしてくれます。

いくつになろうとも、人を好きになる気持ちを失ってはいけません。人を好きになる気持ちや、人を想う気持ちが、人を美しくし、やさしくし、前向きにしてくれるのです。

朝起きたとき。ぼんやりとした昼間。散歩の途中。おいしい夕食のあと。静かに眠るとき。どんなときでも結構ですので、一日に一度、大好きな人のことを素直な気持ちで考えてみましょう。すると、自然と心があたたまってきて笑顔が生まれます。恋する気持ちは、暮らしや仕事のちからにもなってくれます。あなたを生き生きとさせてくれるのです。

213

大きく手を振って歩いてみましょう。からだが心地よくあたたまります。静かでゆっくりとした音楽をイメージして歩くと、さらによいでしょう。

自分では気がつきませんが、ポケットに手を入れて、姿勢を悪くして歩いていることがあります。肩こりや腰の痛みは、日常生活における姿勢が原因ともいわれています。歩き方も同様で、前のめりになったり、からだが傾いていたり、歩幅が一定でなかったりするとよくありません。

歩くときは、背筋をまっすぐにして、ゆっくりと、歩幅を大きくして歩きましょう。そして、大きく手を振って、リズミカルに歩くように気をつけましょう。歩くことは、それだけで、簡単にできる健康法です。距離を歩かなければならないときは、バッグをリュックなどに替えて、両手を空けておくことが大切です。

214

眠れない日は、ココアを一杯飲んでみましょう。安眠効果がありますので、ゆっくり眠れます。この時間を、読書のひとときにするのもよいでしょう。

215

不安な気持ちはあっていいものです。不安を忘れているときこそ、もっとも不安なときといえるのです。

216

結婚式などに出かけるときは、前の晩に服やバッグなどを出しておきましょう。アイロンをかけたり、忘れものがないか確認します。

217

伝わっていなかったと相手を責めるのはやめましょう。自分の伝え方に問題があったかもしれません。

218

一年使った枕を新しいものに替えてみましょう。新しい気持ちで眠りにつけるでしょう。

毎日の暮らしのなかで、心とからだを休める睡眠の時間は大切なものです。誰にでも慣れ親しんだ枕があることでしょう。

しかし、毎日、長い時間使う枕ですから、知らぬうちにくたびれてしまっています。枕は、頭の高さややわらかさに合ったものがよいので、買い替えは慎重にするべきですが、古くなった枕では本来の心地よさを味わえなくなっています。

ですから、一年使った枕は、新しいものに替えてみてはいかがでしょうか。毎日使うものですから、いつでも心地よく感じられる枕を選んで使いましょう。忘れてはいけないのは、清潔を保つこと。晴れた日に枕を干したり、カバーを頻繁に洗濯することも大切です。

219

普段使っていないカメラで写真を撮ってみましょう。万が一の故障もわかりますし、いつもと違ったできあがりは新鮮です。

220

本に、読んだ日付を書きましょう。もう一度読むときに、前に読んだときのことを思い出します。本を読んだ印象も、もしかすると以前とは変わっているかもしれません。

221

育てている草花にやさしい言葉をかけましょう。それだけでぐんぐんと元気になり、きれいな葉っぱや花を見せてくれます。

222

月に一日くらい、一人きりで過ごす日を作りましょう。自分に手間をかけてくれる人たちから離れることは、ときには大切なことです。家族や友人とそのための話をしてみましょう。

人は誰しも一人では生きてはいけません。人とのつながりを大切にし、自分から社会と関わりを持たなくてはなりません。

しかし、孤独とは人生においてなくてはならないものであり、誰しも一人きりになって、自分をよく見つめる時間が必要です。しかしそれは、常に誰かがまわりにいたのでは、なかなかむつかしいことです。

そんなときは、家族や友人と、ときには一人になることの大切さを、お互いが理解し合い、協力し合うことについて話し合ってみましょう。例えていうなら、みんなからの承諾済みの家出をするということです。父や母、夫や妻、子ども、親であろうと、まずは一人の人間なのですから。

223

好きなおかずをたくさん詰めてお弁当を作りましょう。そして電車に乗って、気に入った名前の駅でふらりと降りてみましょう。

224

無理をしない。素直でいる。この心がけを忘れなければ、人は人として十分に生きてゆけます。

225

気に入ったお茶やコーヒー豆に出合ったら、あれこれ替えずに、これと決めてみましょう。生活には、新しさと変わらないものと、どちらも必要です。

226

友人と出かける休日は、いつもより早い時間に待ち合わせしましょう。一日たっぷりと楽しめます。楽しいほど時間が経つのが早く感じられ、一日の短さを感じるものです。

227

ベッドに入って寝る前、静かに目をつむったとき、誰の笑顔が思い浮かびますか。それがあなたの大好きな人です。

228

怒ったり、いらいらしたり、もやもやしたときは、外の空気を吸って、ゆっくりと深呼吸を五回してみましょう。ちょっと落ち着くはずです。

229

台所に、クッキーやチョコレートなど、ひと口つまめるものを置いておきましょう。ひどくおなかがすいたときは、ひと口おなかに入れて、気持ちを鎮めてから料理します。

230

家中の部屋のドアのちょうつがいに潤滑油を差しましょう。きしむことなく開け閉めがスムーズになるので、マンションなどで気になる生活騒音の対策にもなります。

231

恥ずかしいことを照れてはいけません。恋愛も仕事も暮らしも、照れないことからはじめて、何かしらのかたちが生まれていくのです。

たとえば、料理や裁縫、掃除など、暮らしや仕事におけるどんなことも、ある一線を越えると想像もつかなかった新しい世界が広がっています。人間関係も同じで、一線を越えるか越えないかでは大きく違いがあります。どんな場合においても、その一線を越えることこそが喜びであり、次の一歩のきっかけとなります。

一線を越えるためには、照れていてはいけません。初めてのことでおぼつかないことがあるでしょう。そのせいで恥ずかしい気持ちが湧きますが、人目を気にせず目的に集中することです。照れと謙虚さは違います。謙虚とは、控えめで素直ということです。照れの克服には勇気が役立ちます。

232

今、したいと思っていることを全部書き出してみましょう。書くとなると意外とむつかしいものです。しかし、書き出してみると、思いのほか心がすっきりします。

233

たんすにしまったままの服をひっぱり出して着てみましょう。自分では似合わないと思っていても、案外評判がいいかもしれません。大切なのは、堂々と着ることです。

234

庭の木の手入れをしましょう。植えただけで放ったらかしではかわいそうです。枝を剪定し、落ち葉を掃くだけで見違えるようになります。

235

冬は静電気がおきやすくなります。ものに触れる前に、植物の葉や木製品に触っておくと、少しは静電気が軽減されます。

236

時間のかかりそうな仕事や家事には、時間をたっぷりかけましょう。急いでも、ひとつもいいことはありません。たっぷりと時間をかけてこそ、楽しめることも発見できます。

237

今日は、スーパーではなく商店街に買い物に行ってみましょう。八百屋さん、お魚屋さんなどの専門店に行くと、季節のものがよくわかります。

238

友人と本を交換し合って、互いに読んでみましょう。友人の、今まで知らなかった一面が垣間見えるかもしれません。

239

贅沢な料理とは、材料の善し悪しではありません。それは工夫の善し悪しといえるでしょう。忘れてはいけない心がけです。

第四章　なんでもとりいれてかわいがる

暮らしのルールは自分で決めるもの。
役に立ちそうなことは、愛情込めてかわいがりましょう。

240

雑巾を作りましょう。おろすのにもったいないと思うくらいのタオルで作ります。少し数多く作っておきましょう。

241

苦手な人ほど、仲良くなる努力をしましょう。苦手なままですと、どんどん関係が遠くなります。ちょっとしたことで、嘘のように仲良しになれるかもしれません。

242

長靴は、いいもので気に入ったものを買いましょう。外国製にもいいのがあります。雨の日のお出かけが楽しくなります。

243

暑くて仕事に疲れたとき、冷たいおしぼりを作って顔や手足を拭いてみましょう。さっぱりして、また元気が出てきます。

244

日曜日の朝こそ、早起きしましょう。ダラダラしていると、一日がすぐに終わってしまい、疲れが抜けません。

245

アクセサリーをつけて出かけましょう。洋服を着てアクセサリーをひとつもつけないのは、和服で帯留めをしないのと同じくらい、ぴりっとしないことです。

246

インスタントラーメンに、焼肉やもやし、玉子や野菜をたっぷり入れて贅沢に作ってみましょう。たまにはこんな料理も喜ばれます。

247

食べたあとの野菜や果物の種を植えてみましょう。芽が出て大きく育つかもしれません。食べる楽しみ、育てる楽しみ、同時に味わえます。

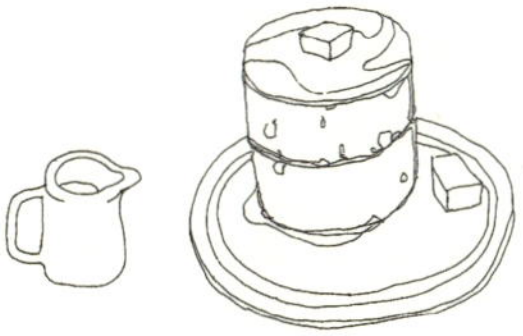

248

自分の作った料理で気に入ったのができたら、材料や手順をすぐに書いておきましょう。また作るときにも、その味ができますし、残しておけば家族もその通りに作れるでしょう。

覚えている気でいても、すぐに忘れてしまうことがあります。ですから、どんなことでも書き留めておくことが大切です。そして、どんなにささいなことでも、そこに新しい発見があるのでしたら、自分だけでなく誰かと分かち合うよう心がけます。

自分が発見したものが他の人の手に渡ることで、その発見はもっとすばらしいものになります。そうやって、発見は、人から人へと分かち合うことで知恵となり、さらに役立つものになるのです。

頭やからだで覚えていることも、紙に書き出そうとすると、むつかしいこともあります。しかし、それがまた自分にとってのおさらいになり、ポイントがはっきりするのです。

249

春のおしゃれは、明るい笑顔です。それだけで心やからだが軽やかに。おしゃれの秘訣は心持ちです。

どんなにすてきな装いをしていても、そこに笑顔がなかったら暗い印象を相手に与えてしまいます。笑顔とは、どんなすてきなおしゃれにも勝る、魔法のひとつです。

試しに、今日一日、目を合わせた人すべてに、やさしい笑顔で接してみましょう。あなたという存在が、すべての人の目にこれ以上ないくらいにすてきな人と映ったに違いありません。自分自身の心やからだも軽やかになったとわかるでしょう。

暮らしや仕事を豊かにしてくれるのも笑顔です。どんなときでも自分の笑顔を優先することを心がけましょう。笑顔を他人に与えられる人は、他人からもたくさんの笑顔を与えてもらえます。

250

お財布をきれいにしましょう。ことに小銭入れは中がまっくろです。革ならクリーナーで拭きます。洗えないものは逆さにしてゴミを払います。

お財布が汚れていたり、くたびれているのは、自分の景気が悪い証拠です。それは、お金を大切にする気持ちが欠けているからです。

お金は暮らしにおいて大切な道具のひとつです。大切なものをしまっておくものを、汚れたままにしておいたり、くたびれたままにしておくことは、大切なものを粗末に扱っていることになります。

ですから、お財布はいつも清潔にし、整理整頓し、手入れをしてあげなければいけません。お金は暮らしを助けてくれる、かけがえのないもの。お金には感謝をしなければいけません。お財布の手入れにその気持ちを表しましょう。そしてまた、汚れたお財布は、他人に見られて恥ずかしいものです。

251

電化製品や日用品は、使い慣れた頃に、故障したり壊れたりするものです。すぐに買い替えず、修理してみましょう。

252

急須の口に、買ったときのビニールがついたままになっていませんか。お店で口が欠けないように保護するものですから、外しましょう。

253

今夜はテレビをつけずに、静かな音楽を聴きましょう。クラシックのピアノ演奏などがおすすめです。

254

木綿のプリント地で、トースターカバーを作りましょう。台所がいちだんと明るくなります。

255

毎日使うテーブルは、よくしぼった濡れ布巾で拭いたあとに、もう一度、から拭きしましょう。小さいほこりまで取れます。

掃除は、誰にもできる簡単なことですが、誰にもできないむつかしいことのひとつでもあります。テーブルを拭くことひとつでも、濡れた布巾で拭いたあとに、から拭きするか、しないかで大きく違います。濡れた布巾で拭くだけだと、汚れを広げてしまうことになりかねません。

わかっているけれど、面倒くさいという心持ちで余計に悪くしてしまうという例です。それでしたら、何もしないほうがまだよかったということになるのです。

実をいうと、暮らしや仕事のなかには、このようなことが多いのです。行う、ということだけで満足していることに注意しなければいけません。

256

ハンカチを全部出して、一枚いちまい広げてアイロンをかけ直しましょう。いつも決まったものばかり使ってしまうので、普段使っていないものを手前にしまいましょう。

257

人と違うことはとてもいいことです。違うところに才能や魅力があるのですから。

258

テラスのプランターで家庭菜園を行ってみませんか？　自分で作った野菜が食卓にのぼるのはうれしいことです。

259

バッグやポーチの中に、ソーイングセットを入れておくと便利です。出先でボタンがとれたり、ひっかけてしまったときなど大助かりです。

260

ふんぱつしてリネンのタオルを買ってみましょう。暑い日の汗拭きにハンカチでは足りないことがあるし、だからといって、ハンドタオルはちょっと恥ずかしいものです。

夏の暑い日には汗拭きのハンカチが必要です。しかも、汗はたくさんかきますから、一枚では足りません。といって、ハンドタオルを持ち歩くのは、便利であろうとも大人にとって少し恥ずかしいものです。お子さんならハンドタオルでもよいのですが。

そんなときは、リネンのタオルを使ってみると便利です。リネンですからたためば小さくなりますし、汗を吸ったあとの乾きも早いのです。見栄えもよいものです。ハンドタオルよりも少し高価ですが、リネンは洗えば洗うほど風合いがよくなりますから、かえって経済的です。旅行のときも、リネンのほうが役に立ちます。すぐに乾くので、何枚も持っていかなくて済みます。

261

元気のないときや病気のとき、家族や友人、親しい人と抱き合いましょう。抱き合って、目をつむって、ゆっくり息をしましょう。ほら、治ってきましたよ。

病気のときや具合が悪いときは、からだだけでなく、どうしても気持ちが落ち込んでしまうものです。安静にして横になっておくことも大切ですが、気持ちを安心させるには、人とのふれあいが必要です。

そんなときは、家族の誰かや、親しい人と少しだけ抱き合ってみてはいかがでしょうか。欧米の人があいさつ代わりによくするように、ぎゅっと抱きしめ合うことは、とても気持ちのよいことです。ちょっと具合が悪いくらいでしたら、一分くらい、心を込めて抱きしめ合うだけで治ってしまいます。

日々の暮らしのなかでは、親しい人であっても気恥ずかしいことですが、ふれあいは、心とからだをよくする力があります。

262

手紙鋏を買ってみましょう。とても便利なので、毎日届く郵便をさっさと片づけられます。

263

詩を朗読しましょう。思い切り気取って読んでみると、思いのほか楽しいものです。

264

大変なときや、つらいときは、自分にとってチャンスのときです。謙虚な気持ちを思い出し、素直な気持ちで努力しましょう。きっと大きく成長できるでしょう。

265

植木鉢の土をスコップなどで軽く掘り起こしてやりましょう。土にすき間ができて、日光が土のなかまで入るし、水分も吸収しやすくなります。

266

キッチンの照明を新しいものに替えてみましょう。料理を作るときも、あと片づけをするときも、はっきり見えて、気持ちが新しくなります。

267

少しお金に余裕ができたら、一枚、好きな絵を買ってみましょう。好きな絵を部屋に飾る楽しみを知っている人は、生活を楽しめる人です。

268

豆やドライフルーツなどは、よく見えるところに置いておきましょう。料理をするときに、ふと使ってみようかという気になりますし、残ったものも無駄にならずに済みます。

269

七夕、節分、ひなまつりなど、季節の行事を大切にしましょう。家庭のなかで、きちんと子どもや孫に伝えていきたいもののひとつです。

270

朝食用に大きなお皿を使いましょう。おかずやサラダ、パンやご飯などを、ひとつのお皿に盛ってみると、見た目もきれいですし、朝食のひとときが楽しくなります。

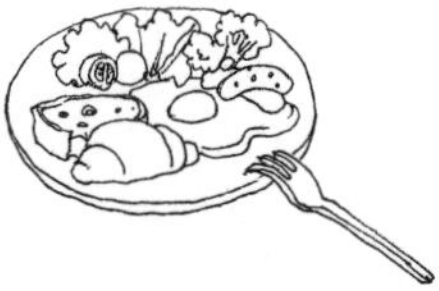

食器棚から出すことが面倒だし、洗いづらいからと、大きなお皿は敬遠されがちですが、実は朝食には便利でもってこいです。焼いたトーストや目玉焼き、ちょっとしたサラダをひとつに盛ることができますから、お皿の数が少なくて済みます。

和食のときも、茶碗と汁椀のほか、大きなお皿にオードブルのようにおかずを盛り付けてもすてきです。

たとえば、バイキングスタイルのホテルの朝食のように楽しみます。お皿の数が少ないので、意外と片づけも楽ですし、こんなふうにして、大きなお皿を普段使いすることを覚えれば、食卓の風景も新しくなってよいものです。

271

春まきの種をまいてみましょう。芽が出るまでの楽しみもさることながら、一輪でも咲いたときのうれしさは格別です。


何かを育てていますか？　暮らしのなかで、成長を共に喜べるものはありますか？

花の種をまいてみるのは楽しいことです。毎日の暮らしというものは、それほど大きな変化はなく、淡々としているものです。しかし、日々成長する植物を育てることで、気持ちがやさしくなり、成長の変化を楽しむことができます。植物でも、水をあげたり、成長を気遣うことで対話ができます。

春は、種まきのチャンスです。この時期にまいた種は、夏には花を咲かせることでしょう。自分がまいた種が花開いたとき、どんなにうれしいことでしょう。土に触ることも、心を癒すよい方法です。咲いた花は写真に撮ってあげましょう。

272

さみしさや切なさはいいものです。それは向き合ったり、たたかうものではなく、抱きしめてあげましょう。

さみしさやせつなさを、強く感じるあなたは、とても人間らしい感情を持ち、やさしい気持ちを持った、他人を思いやることができる人といえるでしょう。

さみしさやせつなさは、とてもつらいことでもありますが、それはあなた自身の感情のひとつでもあります。感情は外からやってくるものではなく、内側から湧いてくるものです。ですから、打ち消そう、忘れよう、もしくは向き合おうととらえず、その感情自体をやさしく抱きしめてあげることが大切です。

さみしさやせつなさは、あなたの純粋な生身の部分です。大切にしてあげましょう。それは心のなかにある、いとおしく美しいものなのです。

273

賞味期限にとらわれるのはやめましょう。あくまでも目安にして、自分の感覚で決めましょう。責任を外に求めるのはよくないことです。

274

金魚鉢を陽に当ててやりましょう。底のほうでじっとしていた金魚も、元気に泳ぎはじめます。

275

腹をくくれば、たいていの物事は動きます。腹をくくるとは勇気で支えた強い決意です。

276

今日はベッドの下を掃除してみましょう。驚くほど、ゴミがたまっているものです。探しているものが、案外落ちていたりするかもしれません。

277

好奇心を持ったときは、できるだけその場に行って、見て触って、知ることが大切です。人から聞いたり、本を読んだりしてわかったつもりになってはいけません。

私たちの暮らしを豊かにしてくれるものは、好奇心から生まれるものです。これはなんだろう、と疑問に思うことが物事の動機になり、行動につながります。逆に言えば、好奇心がなければ人の行動は生まれません。行動があれば、必ず何かにつまずき、それを乗り越えるために工夫をするのです。暮らしとは、この繰り返しではないかと思うのです。

今はインターネットという便利な道具がありますから、あなたの好奇心を簡単に解決してくれる時代です。しかし、そこで得られる答えは、あなたにとっては架空のことであり、実体験にはつながりません。実体験の伴わない情報は真実とは限りませんので、気をつけなければいけません。

278

香水を替えてみましょう。合わないと思っていたものでも、使ってみると意外と気に入ることがあります。

279

家のなかで使っている電化製品のコードを点検しましょう。折れていたり、つぶれていると、その部分がこげて、火災事故の原因になります。汚れていたらきれいに拭きましょう。

280

玄関に靴を出しっぱなしにしていませんか？　靴は、そのつど靴箱にしまいましょう。出かけるときも、同じ靴ばかり履かず、上手に組み合わせます。靴を長持ちさせる秘訣です。

281

すてきな観葉植物は、見つけたときに買っておきましょう。いざ探すとなると、なかなか気に入るものが見つからないものです。

　部屋のなかが味気ないと思うのは、草花が欠けているからではないでしょうか？　花瓶に一輪、草花が活けてあるだけで、雰囲気ががらりと変わることでしょう。また、緑の美しい観葉植物が部屋にあると、とてもやさしい気持ちになり、部屋に和みが加わります。
　しかし、お祝い用のような派手な観賞用の植物は日々の暮らしには似合いません。素朴で、シンプルで、自然のままのような観葉植物を選びたいものです。大きめのアイビーや、ハーブなどはいかがでしょう。とはいうものの、シンプルな観葉植物というのは、なかなか売っていないのです。地味なものなので少ないのでしょうか。見つけたときに買っておくことをおすすめします。

282

どんなことでもまずは相手の話を聞きましょう。慌てて反論しても、ろくなことはありません。話を聞いてあげれば、自分の話も聞いてもらえます。

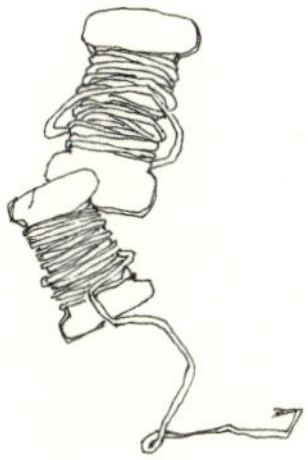

暮らしと仕事において、常に起こる問題の多くは、人間関係のあれこれです。しかしそれは、社会人である以上、自然なことであり、そうした人間関係の問題を乗り越えてこそ、人は成長して何かを果たすことができるのです。ですから、人間関係で起こる問題を、決して避けてはいけません。

素直な気持ちで向かい合うこと。相手の話をよく聞くこと。とことん話を聞き、一度すべて受け入れること。理解したことを、きちんと言葉で伝えること。あなたはいくつできていますか？　これができてはじめて、相手はあなたの話を聞いてくれる心持ちになり、あなたの意見を素直に受け入れてくれるでしょう。

283

毎日心地よく過ごすには、あまりに潔癖すぎてもいけません。よごれやけがれも受け入れてこそ暮らしがあるのです。

284

旅先では、ぜひとも地酒を味わいましょう。地酒はその土地の文化の結晶ですから。

285

洗える風呂敷は、洗濯してアイロンをかけておきましょう。引き出しの奥にあるのを全部出して、きれいにしておきます。

286

天袋の収納スペースにしまってあるものを、一度出してみましょう。意外にいらないものがあるものです。できるだけ処分して、何がしまってあるかメモに書いておくと安心です。

287

印鑑の整理をしましょう。思いのほか汚れてしまっていきます。きれいに掃除して、不要なものは処分します。

社会人になってからというもの、書類に印鑑を押すことが何かと多くなり、知らぬうちに印鑑の数も増えてしまっていることでしょう。文房具屋で買える三文判の印鑑は、家のなかにいくつもあったりして、なんとなく不安な気持ちにさせます。

印鑑は、大切な承認の印ですから、たくさんあることが不自然です。まずは家のなかにある印鑑を集めて、必要なものと不要なものに分け、不要なものは捨てましょう。印鑑は常にきれいにしておくべきものですから、朱肉が詰まっていたり、汚れていたら、きれいに掃除しましょう。印鑑を整理して、きれいにすると、すがすがしい気持ちになり、不安だった気持ちもなくなります。

288

苦手な食材を、いろいろと工夫して料理してみましょう。もしかして今日から食べられるようになるかもしれません。

苦手な食材は誰にもあるものです。しかし、それは長年の思い込みだったりすることもあります。最初に食べたときに、たまたまおいしくない料理だったかもしれません。新鮮でないものだったかもしれません。

ですから、今日は今まで苦手と思っていた食材の、新鮮でいいものを手に入れて、自分が好きな料理の材料に使ってみましょう。カレーやスープなどがいいかもしれません。意外にも、こんなにおいしいものかと驚くことが少なくありません。

こんなふうに、思い込みというのは恐いもので、自分でも知らぬうちに、おいしさや楽しさ、しあわせな何かを減らしてしまっていることが多いのです。

289

あなたにとっての上質なものやこと。それを見つめて、育ててあげましょう。美しい暮らしのヒントになります。

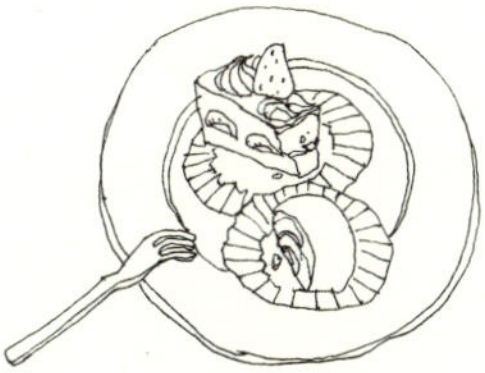

上質さとはなんでしょう。上質とは高級さではありません。
品質とは何かを考えてみると、品質は価値に繋がる言葉です。美しい、やさしい、心地よい、頑丈な……というように、価値はいろいろな言葉に置き換えられます。しかし、その価値は人それぞれ異なります。なぜなら人の暮らしはひとつとして同じものがないからです。
ですから、上質は、自分で選ぶものであり、自分だけの発明であり、発見でもあります。新しい上質さを見つけることは、暮らしを豊かにする方法のひとつでしょう。あなたらしい上質さを育てることが、すなわち豊かな暮らしです。

290

直感を信頼しましょう。直感とは自分のなかにあるもうひとつの声です。直感と向き合う機会は、暮らしや仕事に潤いを与えてくれます。

291

夜、寝るときに、今日会った人や、出来事に感謝して、今日一日をありがとうと、言葉にしましょう。明日も元気になります。

292

財布のなかのカードを整理しましょう。カードで財布が膨らんでいるのは見苦しいですし、そもそも普段使うカードはそれほど多くないはずです。

293

傘は、少しふんぱつして、いいものを買いましょう。安いからとビニール傘で済ませているから、買っては無くすという悪循環から抜け出せないのです。

294

自分への好奇心を持つことは大切です。そう思うことで、次に何ができるかな、夢に近づいていきます。

暮らしと仕事において、好奇心はとても大切なものです。好奇心を広く外に向けることはよいことですが、それと同時に、自分という内側に向けるバランス感覚を持ちましょう。自分の一番の好奇心が、自分自身であることはとてもよいことです。自分にまったく無関心ですと、学ぶことも成長することも考えられません。

自分はどういう人間なんだろう。何が好きで、何を嫌い、何を見て、何を聞き、何を感じて、何を考えているのだろうと、常に自分を知ることで、今の自分に必要なものが何かがよくわかり、また、よくないところもわかるのです。新しい自分との出会いは、夢へ近づく一歩になるのですから。

295

少し香りの落ちたお茶は、捨てずに茶がゆに使いましょう。使い道があると思えば、おいしくないお茶を飲むことはありません。

296

今日は、食後の団らんに家族のアルバムを広げてみましょう。あんなこともあった、こんなこともあったと、なつかしい思い出話に花が咲きます。

297

散歩に出たら、よその犬や猫の顔をじっくり見てみましょう。人間と同じで、犬や猫も歳を重ねたほうが、表情に深みが出てきます。

298

携帯電話やパソコンのアドレス帳を整理しましょう。登録しているだけで、誰だかわからないものもあります。

299

休日前の夜は、夜更かしして読書を楽しみましょう。そのための本をあれこれ選ぶのも楽しいものです。次の日は寝坊をして余韻を味わいます。そんな休日もたまにはいいものです。

忙しい毎日のなかで、ゆっくりと読書をする時間は作れそうで作れないものです。たとえば、休日前の夜を読書の時間と決めて、普段、読みたいと思っていた本をあれこれと選んでみましょう。そして、夜更かしをして好きなだけ読書を楽しんで、次の日はそのぶん、寝坊をして休みましょう。そうやって集中して読んだ本から味わったものは、いつまでも自分のなかに残り、心地よい余韻となります。

いつしか生活習慣は決まってしまい、変化をつけるのがなかなかむつかしいものです。このように、何か目的を見つけて、いつもと違う時間の過ごし方をしてみるとよいでしょう。映画鑑賞でも、手芸でも、料理でもいいと思います。

300

大変でしょうが、苦労は人を洗練させます。洗練された人には、和やかさ、やわらかさ、品格がそなわります。

私たちは、苦労を重ねた人の笑顔がどれだけ美しいものか知っています。不思議なもので、苦労にはその人を美しくする力があるのです。苦労を重ねた人にだけそなわる洗練は、人をしあわせにもしてくれます。

何かをよく知り賢い人ほど、言葉少なく控えめで、えばらず前に出ず、温和です。そういった人ほど、実は、人一倍の苦労を経験し、乗り越えてきているのです。

苦労はあなたを苦しめるものではない、ということを知りましょう。もし、あなたが、苦労をせず、苦労から逃げてばかりの生き方だったとしても、がっかりすることはありません。いくつになっても、遅すぎるということはないのですから。

301

お気に入りのブランケットを一枚買ってみませんか。寒いときに部屋のなかでくるまって本を読んだり、テレビを見たりするのに便利です。

302

今日はお金を使わないようにして過ごしましょう。少し不便なことがあると、かえって満ち足りた日になるものです。

303

暮らしは夢が支えています。料理、洗濯、掃除、手仕事など、すべて夢が遠くにあるからこそ、人は働くのです。

304

散歩に出てお月様を見てみましょう。新聞にお月様の出の時刻が毎日出ています。夕方、のぼってきたばかりのお月様の光は、とてもさわやかです。

305

寝つけないときは、少しだけお酒を飲むのもいいでしょう。果実酒やワインをあたためたり、紅茶にブランデーを入れてみます。

306

小さな水筒を持ち歩きましょう。のどが渇いたときにすぐ水分補給をすることができます。お茶など入れるとよいですし、体調がすぐれないときは白湯にします。

307

自転車のタイヤの空気が抜けていないかチェックしましょう。古くなっていたら、あわせてチューブも交換しておきます。

308

かかりつけの病院はありますか？　いつも相談できるお医者さんがいると、どこの病院に行ってよいかわからないときも安心です。

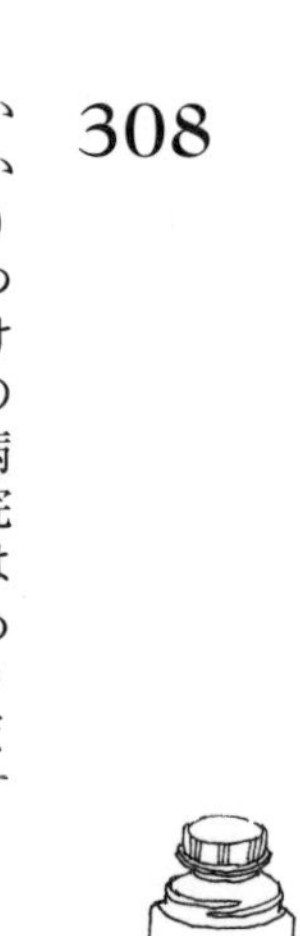

309

草木が育つ夏になりました。庭に出て、隅々を見回してみましょう。昨年見なかった草花の芽が出ているかもしれません。まわりの雑草を取って伸ばしてやりましょう。

310

テレビを見たり、新聞の購読をやめてみませんか。何か新しいことが起きているなら、人から話を聞きましょう。それも豊かな社交のひとつです。

311

カレンダーに、家族の誕生日、あらかじめわかっている家の行事を書き込んでおきましょう。そのときになって、忘れて慌てないために。

312

友人と会うたびに、小さなプレゼントを交換し合う約束をしてみましょう。それだけで、会うのがどんなに楽しみになるかわかりません。

313

セーターの毛玉を気にして取ってしまうのはやめましょう。だんだんと毛糸が薄くなり、あたたかさも失われてしまいます。上質なセーターでも毛玉はできるものです。

セーターに毛玉ができるのは、ウールであれば当然のことですから、ひとつも恥ずかしいことではありません。考えようによっては、それもチャームポイントなのです。そしてまた、一着のセーターを大切に着ていることが、毛玉の表情でよくわかるので、好印象さえ抱きます。

おしゃれで知られていたココ・シャネルでさえ、お気に入りだったラムズウールのセーターの毛玉を愛しいものとして取ろうとしなかったといいます。毛玉を取ることは、毛糸で編まれた生地を薄くしていくことになりますから、あたたかさや風合いを損なうことになります。ウールのセーターは日常着ですから、気兼ねなく身につけましょう。

第五章　まいにちできること

どんなことでも楽しむ心を持ちましょう。
まいにちを楽しく、自分らしく。

314

朝起きたら、今日したいことをメモします。約束をのぞいて、簡単なことから済ませていきましょう。

315

洗濯機の糸くずフィルターを外して、こびりついた糸くずを洗い落としましょう。気持ちよく洗濯ができるでしょう。

316

なべの底をきれいに磨きましょう。たまに磨かないと、ますます黒くなるいっぽうです。

317

一日に一回は、声を出して、心から笑ってみましょう。楽しいことやおかしいことに興味を持つことは、健康法にもなります。

毎日の暮らしに笑顔は大切です。うふふ、とお行儀よく笑うことはよくありますが、大きな声で心から笑うことは、なかなかないでしょう。ですから、せめて一日に一回は、恥ずかしがらずに大きな声で笑ってみましょう。すっきりしますし、胸のなかのもやもやが吹き飛んでしまいます。

そしてまた、おもしろいことや楽しいことへの好奇心を忘れてはいけません。知らないこと、わからないことを教えてもらう気持ちで、他人に聞くのもよいでしょう。新しい発見の出合いにもなります。人は歳をとりますと、どうしても人目を気にして、なんでもわかったつもりになってしまいます。好奇心と笑顔はいつもセットにしましょう。

318

手紙を書くことに必要なのは、ゆっくりした時間です。急いで書いた手紙は、どうしても雑になりがちです。

319

網戸を外して、水をかけてきれいにしましょう。傷んでいたらすぐに修繕します。窓の外の見え方がきれいになって、気持ちがいいものです。

320

洋服を買うときに、ドライクリーニングが必要なものかどうか確かめましょう。ドライクリーニングに出す洋服の量を減らすことは、環境改善に役立ちます。

321

日持ちするものは冷蔵庫の上段にしまいましょう。日持ちしないものは忘れないように目立つところにしまいましょう。

322

自家用車の整理整頓を心がけましょう。いつの間にか物置になっていませんか。飾りもできるだけ簡素にしましょう。

323

ガラスの食器をきれいに磨きましょう。夏になると、器ひとつで食欲も変わってきます。

324

湯のみ茶碗についた茶渋を重曹で落としましょう。茶渋で茶色くなった茶碗で飲むのは、感じの悪いものです。

325

海水浴に行くときは、必ず熱いお茶を持っていきましょう。泳いだあとに熱いお茶を飲むと、ホッとします。

326

家中のゴミ箱を洗ってみましょう。汚れるものだからこそ、いつもきれいにしておきましょう。

ゴミ箱は、ゴミが集まるところですので、他に比べたらどうしても汚れてしまうものです。足元にあったりもするので、家のなかで一番汚れてしまうところかもしれません。

一番汚れるからこそ、家のなかで一番きれいにしておくことが大切です。ゴミ箱がきれいだと、心がすっきりします。

しかしながら、ゴミ箱を洗うことを日課にしている人は多くありません。ゴミ箱は汚いものだとあきらめているからです。それは違います。生ゴミや普通ゴミのゴミ箱は、特にきれいに洗って使いましょう。よく汚れるようでしたら、毎日洗ってぴかぴかにしましょう。なくてはならないゴミ箱は、決して汚いものではないのです。

327

朝起きたら、深呼吸して大きく背伸びをしてみましょう。すっきりと目が覚めます。おはようと声にするのも大切です。

寝ているとき、私たちのからだは縮こまってしまっています。朝、目が覚めたら、静かに深く深呼吸しながらゆっくりと背伸びをして、からだのところどころを伸ばしてあげましょう。酸素をたくさん取り入れることで、頭もはっきりしてきますし、ストレッチをすることで血液の流れがよくなり、寝起きの重いからだが軽くなってきます。

気をつけなくてはいけないのは、急に強く伸ばしたりしないこと。それがもとで、腰や首を悪くしてしまうことがあります。静かにゆっくりと行います。からだが目覚めたら、心も目覚めるものです。「おはよう」と、朝のあいさつを声にしましょう。それだけで元気が湧き上がります。

328

靴をぬぐときは、きちんとそろえてあがりましょう。日頃から習慣づけていないと、よその家にお邪魔したときなど恥ずかしい思いをします。

329

廊下の隅に、なんとなくモノが積み上げられていませんか。きちんと片づけて、代わりに一輪挿しを飾ってみましょう。

330

パソコンをよく見てみましょう。キーボードなど手が触る場所が意外と汚れています。ブラシでほこりをとって、から拭きをしましょう。電源を切ることを忘れないように。

331

毎朝5分間、家中の窓を開けて家のなかに風を通しましょう。新鮮な空気を入れて、一日を元気にスタートさせます。

332

常に水分を多めにとりましょう。軽い脱水症状で起きる頭痛の予防になります。こまめに水分をとることで体調も整います。

一日24時間、私たちは暮らしに仕事に働いています。働いていると、気持ちは目の前のことにとらわれてしまうので、なかなか自分のからだには向かいません。きついなと思っても、やり過ごしてしまうのです。とはいっても、体調管理は大切なことです。からだを壊してしまったら、元も子もありません。

四季を通じて気をつけなくてはいけないのは、水分補給です。のどが渇いたなと思ったときではすでに遅いといいます。ですから、忙しい日ほど一日に何度も水分をとりましょう。頭痛持ちの人は、水分補給でいくらか痛みが和らぐはずです。お茶やお湯を入れたポットを持ち歩いていると、こまめに水分補給ができて便利です。

333

わからないことや知りたいことに出合ったらメモをとりましょう。それを入れる箱を用意して、一カ月や半年ごとに調べる習慣を持ちましょう。

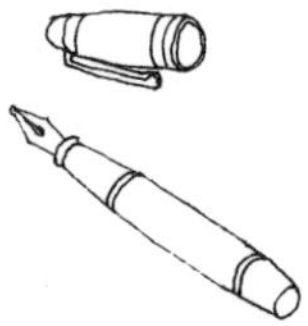

新しいニュースや情報など、わからないことだらけの毎日です。好奇心から出合ったものにも、わからないことがたくさんあるので困ってしまいます。知りたいけれどわからないものは、そのままでいいとあきらめてはいけません。好奇心を深めていくことから、日々の活力が生まれるのです。

いつも小さな紙を用意しておいて、わからないことや知りたいことに出合ったら、言葉や単語を書き留めておきましょう。その紙を入れる箱を作っておいて、メモをためておくのです。まとまった休みの日などに、書かれたことをまとめて調べます。誰にでもできる簡単な勉強法のひとつです。その都度調べるのはむつかしいものです。

334

暑さのきびしい季節こそ、風邪に注意しなければいけません。手洗いとうがいを忘れないように。極端な薄着にも気をつけます。

335

洋服だんすの防虫剤は大丈夫でしょうか。においはしていても、中身はもうなくなっていることが案外多いものです。

336

魚焼きアミを新しくしましょう。魚のあぶらがこびりついていたり、さびて汚くなっているものです。

337

お金がない。時間がない。このふたつを口にするのは絶対やめましょう。そう言っているうちは、いつまでもそこから抜け出せません。

338

指を親指から、1、2、3、4と折って、小指から開きます。20回もしたら、腕を伸ばしてみます。あなたの指の動きをしなやかにするでしょう。

339

口紅の色を変えてみましょう。もっと薄く、自然なくちびるの色に近いものを。そのほうが、かえって若々しく見えます。

340

朝から天気予報を聞きましょう。どんな服装で出かけたらいいか、洗濯物は外に干せるかなど、今日一日の動きがわかります。

341

どんなに忙しくても、一日に一回、自分や家族の未来を考えましょう。自然と元気が出てきて、やる気も出てきます。

342

星を見ることを忘れてはいけません。寝る前のほんのひとときでも、星を見つめていると、心が安らぎます。

344

缶切りや栓抜きのさびを落としましょう。気をつけていても缶詰の汁が残ったりして、いつの間にかさびているものです。

343

しめきりの窓を開けて、敷居のゴミを払いましょう。アルミサッシの溝など、ほこりが詰まっているものです。

345

何でもかんでも冷蔵庫に入れていませんか？　とりあえず押し込むだけで、結局捨てることになるものがどれほど多いことでしょう。冷蔵庫にしまうものは、なるべく少なくすることです。

346

洗剤を使わずに食器を洗ってみましょう。ひどい油汚れでなければ、たいていは用が済みます。


当たり前に行われていることに疑問を抱き、工夫をこらすことは、発明・発見の基本です。

食器洗いには洗剤を使いますが、ほんとうに洗剤は必要なのでしょうか？　そう思って、洗剤なしで洗ってみたら、思いのほかきれいになりました。余程油っこい料理でないかぎり、洗剤を使わなくても大丈夫です。使うとしても、ほんの少しで済むものです。

泡さえ立てば、それがきれいになると思うのが間違いです。どんなことでも、なくてもいいかもしれないと考えてみることです。無駄をしないということです。そして、なくてもよかったとわかれば、大発明と大発見です。当たり前のことに疑問を持つこと。なんてすばらしいことでしょう。

347

ありがとうの言葉の先やあとには、その方の名前を添えましょう。お互いがしあわせな気持ちになります。

348

やぶれた服は、ほころびを繕ってもう一度着てみましょう。カラフルな糸で縫ったりボタンをつけると、すてきなデザインに変わります。

349

おいしい料理を食べたら、真似て作ってみましょう。料理上手の人は、たいていこうして、料理を自分のものにしています。秘訣は、味の記憶があるうちに作ることです。

350

眼のまわりを軽く押してマッサージしましょう。眼が充血していると、それだけで疲れた表情に見えます。

351

座ったときに足を組むのは絶対やめましょう。腰痛の原因にもなりますし、骨盤もゆがんでしまいます。

椅子に座ったときに足を組む姿は、今となれば当たり前のようですが、これは西洋の悪しき習慣のひとつです。正座をくずして、片ひざを立てて座っているのと同じことです。決して美しい姿勢ではありませんし、特に相手がいるときは、とても行儀が悪く、失礼な態度です。

ですから、どんな場合でも、足を組んで座るのはやめましょう。そしてまた、足を組んで座ると、骨盤をゆがめる原因にもなります。腰の悪い人ほど、足を組む癖があるといいます。注意しても、うっかり組んでしまうことがありますが、やめる意識を持てば直すことができます。不思議なもので、今度は足を組むことができない習慣が身につきます。

352

新しいチャレンジは自分で決めるものです。人に惑わされて後悔しないように。

353

朝起きたら、お湯を沸かしてポットに入れておきましょう。いちいち沸かす手間が省けますし、経済的です。

354

割り箸をもらう習慣をやめましょう。買い物の際、割り箸はいりません、の一声で済むことです。一度の食事のためだけに使う割り箸くらい無駄なものはありません。

355

車のなかにものを置いたままにするのはやめましょう。車上荒らしのほとんどは、ものを置いたままにしていたことが原因です。ものを置いて車から離れるときはトランクにしまいます。

356

きちんと作られたものを大切にする暮らしをしましょう。衣食住すべてにいえることです。

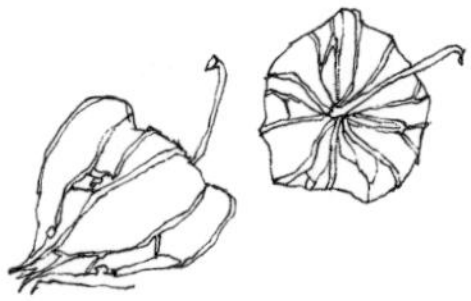

大きく分けると、手入れや修理をしていけば一生使えるものと、便利で新しいものを取り入れる必要があるものの、ふたつがあります。前者は、修理することが前提として作られ、後者は、修理せず買い替えることを前提として作られています。どちらが自分の暮らしに便利かは、人それぞれの選択でしょう。手入れや修理が面倒で、買い替えるほうがよいと思う人もいれば、手入れや修理することがしあわせと思う人もいるように。

しかし、考えてみれば、どんなものでも手入れは必要で、使えば壊れるのが当たり前です。人間関係で例えてみればよくわかります。壊れたら直すのが当然です。衣食住と人間関係には、手入れと修理が欠かせません。

357

トイレを掃除しましょう。トイレは誰かに掃除してほしいものだと思いがちです。使うたびに簡単な掃除を心がければ、いつでも気持ちがよいものです。

トイレは暮らしを映す鏡と言えます。トイレが汚れていて平気な人は、暮らしを大切にしているとはいえません。暮らしに無関心な、不幸な人です。ですから、トイレはいつでもきれいにしておくことを心がけましょう。職場の誰かや、家族の誰かに掃除してもらいたい、とついつい思ってしまうのもトイレです。

基本は、使うたびにどこかをちょっと掃除することです。そうすれば、トイレをいつもきれいに保つことができます。そしてまた、使ったら便座のフタを常に閉めるのがマナーです。特に男性は開けたままにしておきがちです。次に使う人のことを考えることは、暮らしのあらゆる場所で心がけたいことです。これらは外出先のトイレでも同じです。

358

ハイと元気に返事をしましょう。ハイと言ってみると、とてもいい気持ちになり、言われた相手もにっこり微笑みます。

笑顔が美しくて、返事の上手な方はみんなから好かれる存在です。

子どもの頃は、誰もが元気に返事をしていたのに、大人になるにつれ、返事から初々しさが失われていくように思います。大人になると、返事の仕方という、小さなことにあれこれ注意してくれる人はもういませんから。年齢を重ねれば重ねるほど、初々しくなっていく人は、とてもすてきです。そういう人の返事の気持ちよさといったらありません。

ですから、相手に返事をするときは、言葉を伸ばさず、ハイと元気に答えてみましょう。そして、決して笑顔を忘れないこと。大人であるからこそ、元気よく、感じのよい返事ができる人間になりたいものです。

359

あたたかな春になりました。今日はおしゃれをして出かけましょう。心持ち薄着をしてみると、気分も軽くなります。

360

一日の予定を立てるとき、必ず何もしない時間を作りましょう。何もしないときこそ、自分自身に立ち返れる時間なのです。

361

簡単にいかないことは無理をしないで、いつかと決めて、置いておきましょう。まずは簡単にできることから始めていけば、必ずいつかはやってきます。

362

面倒がらずに、お風呂から上がってそのまま浴槽の掃除をしましょう。湯垢を落とすために掃除をするのですから、入る前に洗うのでは意味がありません。

363

食器棚のお皿や鉢が、いつの間にか乱雑になっていませんか。大きさを合わせて、きちんと積み重ねて整頓しましょう。使わない食器がよくわかります。

食器は知らないうちに増えてしまうものです。そして、家族の成長や、人数の変化、好みの違いなどで種類もバラバラになってしまいます。今日は、食器棚を開けて、少し離れたところから眺めてみましょう。そして、いつも使っているものと、滅多に使わないものを調べます。

わかることは、使っていない食器があまりに多いことです。手の届きやすい、手前に置いてあるいくつかの食器ばかり使っていることに気がつきます。普段使わないからといって、必要がないわけではありませんので、そういった使わない食器は、できるだけ整理整頓してあげましょう。うっとりするくらいに美しい収納を心がけましょう。

364

買い物をする際、それでどのくらいのゴミが出るのか考えましょう。ゴミの量を少なくする工夫を常に考えましょう。

買い物は楽しいものですから、ついあれこれ思いついたものを買ってしまいがちです。

しかし、これからはゴミを減らす暮らしを必要としている社会です。それを買うことでどのくらいゴミが出るのか想像するのは、とても大切なことです。たとえば、小分けされているおせんべいなどは、便利なものですが、その都度ゴミが出ますので敬遠します。過剰包装されているものも同じ。ゴミのことを考えている売り手も増えてきていますので、そういう商品を選ぶとよいでしょう。

買い物のときに、ゴミを減らすことを考えるのと、考えないのとでは、実際大きな違いがあります。私たち一人ひとりの心がけと努力が環境を改善していきます。

365

ぽち袋や和紙を、かばんに入れておくと便利です。外出先で感謝の気持ちを込めて、そっと、ご祝儀を渡すとき、お金を包むのに役立ちます。

366

公共の洗面所を使ったあとは、まわりをさっと拭き上げるようにしましょう。水びたしの洗面所を使うのは、あなただってイヤなはずです。

367

帰りが遅くなったときは、近道だからといって人通りの少ない道を歩かず、大通りから帰りましょう。油断する気持ちが危ないのです。

368

これから着る家族の下着を調べてみましょう。思わしいのがなかったら、二、三枚、新調しておきましょう。

369

紅茶と緑茶のポットは別々にしましょう。どちらも香りのあるものですから、分けておくと風味がうつらず、いっそうおいしくいれられます。

370

自分の都合で他人を変えようとするのはやめましょう。もしどうしても変わってもらいたいときは、まず自分を変えることが先決です。

371

人と楽しく食事をしましょう。むっつりした顔で食事をしては、せっかくの料理が台無しです。「おいしい」と言葉にするのも大切です。

372

久しぶりに墨をすって、筆で字を書いてみましょう。自分の好きな字を一字一字、ていねいに書いていくと、とても心が落ち着きます。

373

まな板をしっかり磨いてみましょう。しつこい汚れは漂白します。木のまな板なら、たまに削ってもらいましょう。

毎日使っている台所道具は、毎日使っているからこそきれいであると思いがちですが、それが油断となって、知らぬうちに汚れがたまっていることがあります。台所道具は、おいしい料理を助けてくれるものですから、しっかりと手入れをしましょう。

まな板は、濡れたままにしておくと、ばい菌が繁殖しますので、必ず陽に当てて消毒するようにします。台所道具が乱雑で不潔ですと、台所仕事がおっくうになり、おいしい料理も作れません。道具をしっかり手入れして、清潔を保ち、整理整頓することで、よい仕事が生まれます。台所道具は特に、感謝の気持ちを込めて手入れすることが大事です。料理はいのちをいただくことですから。

374

トイレットペーパーは、買ってきたら袋から出して並べましょう。袋ごとトイレに置くのはあまり感心しません。一つひとつ、ていねいに。

375

宅配便による事件が多く起きています。宅配便の受け取りにはドアを開けなければいけないし、詐欺まがいの配達もあるからです。差出人を確認してから受け取りましょう。

376

仕事や家事の合間に、一人になれる時間を作りましょう。ぼうっとするだけでもいいし、誰かのことを想ったりするだけで元気が出ます。

377

夏に活躍した冷蔵庫の製氷皿や製氷用の水タンクを掃除しましょう。意外と汚れています。

378

ひじや、ひざ小僧、かかとなどをよく洗いましょう。かさつきが目立つ季節はなおさらです。

379

電車やバスに乗って、すぐに携帯電話を取り出すのはやめましょう。見るものは他にもあります。ずらりと並んで携帯電話を見ている姿は、とても滑稽です。

380

相手の話を聞くときは、顔の高さを少しだけ、相手より下げてみましょう。関係が和みます。

381

疲れたときには少し昼寝をしましょう。10分寝るだけでもすっきりして元気になります。無理をせずに、のんびりとやることです。

382

冷蔵庫が夏の設定になっていませんか。気温が下がると、あけたての回数も減ってくるので、調節しておきます。

383

起床の30分前にラジオや音楽をかけてみましょう。寝床でぼんやりと耳を傾けているうちに目が覚めてきて、気持ちよく起きることができます。

384

いつもとちがう場所から、掃除をはじめてみませんか。どうしても、先に掃除するところがていねいになります。

385

ガス台の下やすき間を掃除しましょう。意外に汚れているものです。きれいになると、気持ちよく料理ができるでしょう。

386

いつも友人の住所録を持ち歩きましょう。出先でおみやげを買って、送って差し上げるときに便利ですし、ふと、うれしい気持ちを分かち合うことはしあわせなことです。

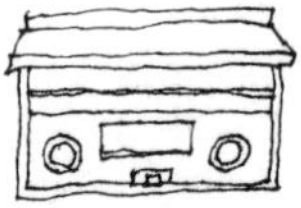

旅行や出かけた先でおみやげを見つけたときに、両手で持ち切れないほどにおみやげを買うのではなく、店から送ってあげると喜ばれます。荷物にもなりません。

そのためには、友人の住所録を常にかばんのなかに持っていることです。一緒に、小さなメッセージカードも持っていれば、ひと言書いて、贈り物に添えることができます。

ある日とつぜん届く贈り物にはびっくりしますが、とびきりうれしいものです。自分のことを思ってくれたと、しあわせになります。小さなしあわせやうれしさを分かち合う心持ちを忘れてはいけません。でも、あまり大きなものだと迷惑になることもありますから、注意が必要です。

387

夕食後、音痴だなんていわないで、みんなで合唱してみましょう。疲れがとれて、元気を取り戻します。

388

お風呂に入るときに、鏡を見ながらからだをチェックします。様子の違うところはないか、触って確認するだけでも日々の健康診断になります。

389

ファンヒーターは、しまう前に掃除をしましょう。裏側などにほこりがたくさん詰まっています。そのままにすると故障したり、事故が起きたりして危険です。

390

咳やくしゃみがたくさん出るときはマスクをしましょう。ばらまく菌を多少でも減らして、周囲の人への気配りをしましょう。

391

家中にある筆記具を整理しましょう。確かめてみると、インクの切れたペンが何本も見つかります。

ペンが必要と思って取り出したら、インクが切れていて書けなかったという経験はありませんか？　家中のペンを一カ所にまとめてチェックし、インクの切れたペンを整理しましょう。

同じことはペン以外にもあるかもしれません。長年暮らしていると、使えない無駄なものがたくさん溜まっていきます。溜まってしまったものに囲まれた暮らしは、ひとつもよくありません。言うなれば、不要なゴミと暮らすようなことです。溜まったものを定期的に整理して、ものを減らすようにします。自分がどれだけ無駄な買い物をしているか、反省する機会にもなります。使わないもの、使えないものの整理を心がけましょう。

第六章　うつくしさより、ていねいさ

かしこまった作法や見た目を気にするよりも、
静かでていねいな動作が、やさしい暮らしを作ります。

392

今日は、窓ガラスを磨きましょう。明るく、強く、キラキラかがやく朝の日差しが、部屋いっぱいに入ってきます。

よい暮らしというのは、見栄えではありません。すべてにおいて、やさしい心の持ちようや、暮らしをていねいに行い、大切なことを育むことで生まれるものです。

たとえば、どんなに立派で贅沢な家に暮らしていようとも、その家の窓ガラスが汚れたままでしたら、そこに良い暮らしがあるとは思えません。どんなに質素な家でも、いつも窓ガラスがぴかぴかに磨かれていたら、その家の暮らしはとてもよいものと言えるでしょう。窓ガラスをきれいに磨こうという心が、よい暮らしを作っているのです。窓ガラスがきれいですと、部屋に入る日差しも美しく、その美しさはお金では買えません。何があろうと、窓ガラスはきれいにしましょう。

393

一人のときでも、いただきます、ごちそうさま、おはよう、おやすみなさいと言葉にしましょう。それが暮らしというものです。

一日の暮らしのなかで行われる習慣は、私たちの心とからだにリズムを与えてくれます。そのリズムを助けるものにあいさつがあります。あいさつは、誰かと交わすだけではなく、自分自身と、自分ではないすべてに向けて行う作法であり、心持ちです。

ですから、一人のときでも、うれしいことが起きたら「ありがとう」と言葉にすることが大切ですし、朝起きたときの「おはよう」、夜眠るときの「おやすみなさい」、食事の際の「いただきます」「ごちそうさまでした」などを、きちんと言葉にすること。言葉には、今日一日の感謝の気持ちを込めることも大切です。あいさつとは人に対するものだけではないと知りましょう。

394

人と会う前に指先を見てみましょう。ささくれや爪が伸びていたら手入れをします。人は意外にあなたの指先を見ているものです。

395

スパイスなど古くなったものはありませんか？　古くて使えなくなったものは捨てて、新しいものに替えましょう。

396

地図が古くなっていませんか。日本地図なら新しい市がどんどん増えています。買い替えておきましょう。

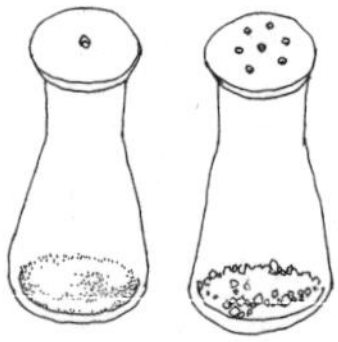

397

不安や疑問はそのときに言葉にしましょう。相手がいる場合は、ていねいに話をしましょう。

398

昨日会った人に、手紙を書いてみましょう。言葉は少なくても、次に会ったときに誰よりも親しくなれるはずです。

399

今日は部屋の高いところを掃除しましょう。電灯のかさ、額縁の上や裏、掛け時計など。普段見えない、こういうところが、とかく汚れているものです。

400

大切な人には、いつも大好きと、言葉や仕草で伝えましょう。当たり前のことでも、毎日があたたかくなります。

401

毎日の暮らしのなかで、見て見ぬふりはやめましょう。そういう癖を身につけてはいけません。

402

家の表札を調べてみましょう。汚れていたらきれいに磨きましょう。もしくは作り直してみると、気分が新しくなります。

403

結婚式の案内が届いたら、その日のうちに出欠の返事を送ります。早ければそれだけ喜ばれます。

404

ハンカチは手洗いしましょう。洗濯機で洗うほど、日々の暮らしで汚れることはあまりありません。これからは洗濯機の使い方をあらためましょう。

405

靴はサイズの合ったものを履きましょう。見た目がいいからといって大きなサイズは禁物です。足が疲れる原因になります。

大きめの靴を、見栄えがよいからといって無理して履く人が、特に男性に多いようです。若い頃は、体力があるので、そのようなちょっとしたことも気になりませんが、年齢を重ねたときに、その頃の無理がからだに現れますから要注意です。靴を履くのは毎日のことですから、必ずサイズの合ったものを選ばなければいけません。小さくても大きくてもいけません。ぴったりから、ちょっとだけ余裕があるものがよいとされています。

スニーカーの紐をゆるくしている人も注意が必要です。スニーカーは確かに楽ですが、紐をしっかり締めないと、かえって足に悪い靴になってしまいます。靴がだらしないと、暮らしがだらしない人になってしまいます。

406

家中の水道の蛇口を磨いてみませんか。意外と水垢で汚れていきます。こういうところがきれいになると、家の空気が変わります。

家のなかの掃除で、水回りは、特に気をつけなくてはいけません。汚れに気づかない場所がたくさんあるからです。水道の蛇口などは特にそうです。いつも濡れている場所だからと忘れがちですが、よく見ると、しつこい水垢で汚れています。

見えにくい場所こそ、ぴかぴかにする。見えている場所がきれいなのは当たり前です。見えていない場所こそ、常にきれいにすることが、暮らしを大切にする一歩です。それは、家のなかだけでなく、自分自身の心のなかや、からだにも言えることです。見えないから汚れていてもよい、と思う気持ちは今すぐ捨てましょう。見えない場所こそ、実は大切な場所であると理解しなければいけません。

407

収納する箱や容器は買いすぎないように。実はそういった箱や容器が、増えてしまって一番困るものです。

408

傘の水滴は、できるだけはらっておきましょう。満員電車に乗るときなどは、きちんと巻いて、人の迷惑にならないように持ち運びましょう。

409

スポーツ用品売場へ行ってみませんか。動きやすいスポーツウェア、厚い毛糸の靴下など、便利なものがたくさんあります。

410

写っている方に、差し上げてない写真があったら、大きく引き伸ばしてあげましょう。少し前の写真でも、とても喜ばれます。

411

夏場の犬の散歩は、早朝か日が暮れてからにしましょう。アスファルトの道の照り返しは、犬にとってもつらいものです。

412

借りたままになっているものはありませんか？　借りたらすぐに返すようにしないと、いつの間にか借りたことを忘れてしまいます。

413

手紙やメイルの返事はできるだけ早く送りましょう。返信は、自分より若い方を優先しましょう。年下の方ほど早い返事を待っているものです。

414

冷蔵庫の位置を変えてみましょう。長い間、同じ位置のままですと、裏などにたまったほこりも掃除できませんし、壁の色も変わってしまいます。

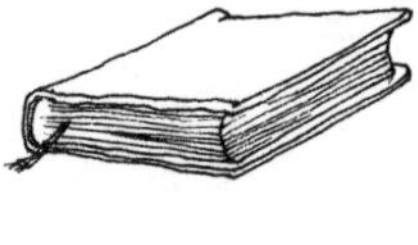

415

かかとや足の裏がガサガサになっていませんか。お風呂に入ったとき、ていねいに軽石でこすって、あがったらオイルやクリームをすりこんでおきましょう。

おしゃれな洋服を着こなして、美しくお化粧をし、全身細やかに気遣ったすてきな人でも、他人の目に触れない部分の手入れがおろそかであったりすると、がっかりするものです。他人の目に触れることのない部分こそ、ていねいに手入れし、大切にしている人が、ほんとうの美しい人です。

装いだけでなく、心の内面、家のなかやすべてにいえることでしょう。見える場所だけ美しければよいという考えはいけません。かかとや足の裏のような、見えにくい場所こそ美しくして、それを大切にする心持ちが、内面の美しさとしてはっきりと表面に現れるのです。バッグの中身がぐちゃぐちゃなのも同じです。

416

会う人のすてきなところを見つけてほめてあげましょう。会話が弾み、次に会うのも楽しみになり、気持ちよく別れることができるでしょう。

会った人から、今日の自分の服装や髪型、持っているものをほめられると、心からうれしいものです。うれしいことは、できるだけ人にもしてあげましょう。

ですから、まずは何かひとつ相手をほめてあげましょう。会話のきっかけは、相手に関心を持つことから生まれるのですから。そして、好きなものが共通していれば、もっと仲良くなれるはずです。会話が弾めば、もっと自分を知ってもらいたいし、もっと相手を知りたくなります。そうやって、相手への関心が行き来することで、人間関係は築かれていきます。別れたあとも、今日あの人と会って楽しかった、と思える一日は、特にしあわせです。早くまた会いたいと思うものです。

417

玄関はできるだけものを置かずに、すっきりときれいにしておきましょう。玄関が散らかっていると、家全体が散らかっているように見えます。

人が出入りする場所である玄関は、常に整理整頓を心がけて、美しくしておくことが鉄則です。玄関が暗く、汚れて、散らかっていると、何もかもが汚く見えますし、よいことはひとつもありません。

玄関をきれいにすることは、家を手入れすることの一番の基本です。一日のはじまりには、出しっぱなしになっている靴をすべてしまって、玄関を掃いて床を磨き、何も置かれていない状態に整頓しましょう。それだけで今日一日が晴れやかになります。

来客のときだけ見栄えを気にするのはよくありません。掃除は他人のためにすることではないからです。玄関が汚れていることは、口のまわりが汚れているのと同じことです。

418

革靴を磨きましょう。ほこりだらけの靴もていねいに磨くと、また履いてみようという気になります。

419

家具を買うときは、裏側やビスの部分を入念にチェックしましょう。見えないところに品質が現れます。

420

ポストの掃除をしてみませんか？　ポストも自分の家のひとつです。汚れていたり、壊れていたら手入れをしましょう。ぴかぴかになると、しあわせな気持ちになります。

421

人の話は、相手の目を見て、よーく聞きましょう。そして相づちだけでなく、自分の意見をはっきり伝えます。そんなとき、笑顔を忘れてはいけません。きっと心が通じ合えます。

422

人形ケースを整理しましょう。いつの間にか、ゴタゴタと増えています。北の地方のものから順に並べるなど、楽しみながらどうぞ。

423

舌打ちは絶対にしてはいけません。不愉快だと感じることがあれば、言葉にします。舌打ちほど乱暴な表現はありません。

424

衣替えは、年に二回、きちんとしましょう。きれいに洗ってたんすにしまい、来年まで服を休ませます。一年中出しっぱなしはよくありません。

425

夫婦であっても恋人同士であっても、言葉でわかり合えないことはどうしてもあります。そんなときは、手をつないだりと、スキンシップが大切です。

どんなに仲のよい二人でも、すべてをわかり合うことなどできません。しかも、関係が深まるほどに、相手の考えや思いを大きな心で許し合う気持ちが必要になってきます。

二人の間にどうしてもわかり合えないことが生まれたときは、今すぐ無理に解決しようとせず、いつかわかり合える日が来ることを待つ気持ちが大切です。そんなときは、少しだけ心と心が離れますから、せめて、肌のふれあいを持つことがよいでしょう。

少しの間だけでも、手をつないでみたり、抱き合ってみたりと、スキンシップを持つことで、理屈を越えた深いつながりが生まれます。あたたかさがあなたを安心させてくれます。愛情に言葉はいりません。

426

仕事も暮らしも自己中心的になっていませんか。常にまわりの人の気持ちや都合を察してあげることが大切です。感謝の気持ちを忘れると、自己中心的になりがちです。

427

色あせた傘は思い切って買い替えると、雨の日の気分も引き立ちます。傘やレインコート、レインブーツは、見た目はきれいでも、拭いてみると意外と汚れています。

428

おじいさんやおばあさんの眼鏡を、ていねいに拭いてあげましょう。お年寄りは、なかなか自分できれいに拭けないものです。きっと喜ばれます。

429

ソファに毛布をかけましょう。きれいであたたかく、カバーを休ませるよい機会です。

430

気に入って大切にしているものほど、壊れてしまったり、傷ついてしまったりすることがあります。そのときはできるかぎり直して、もっと大切にしてあげましょう。

大切にしているものほど、愛情をかけているものほど、壊れやすいのはどうしてでしょう。それはきっと、新しい関係へと成長するための、別れ道に来たときなのでしょう。修復すればもっと深いつながりが生まれ、修復しなければ、その時点で関係は終わってしまう必然の時期ということです。

たとえば、大切な友人がいて、仲良くなればなるほど、お互いが求めるものが大きくなり、どこかでぎくしゃくするときがあります。「雨降って地固まる」というように、そのときに関係を修復すれば、さらに仲良くなれるし、あきらめたら終わってしまいます。

どんなものでも、壊れたり傷ついたときは、直すことが大切です。

431

犬の散歩の途中、おしっこをしたら、水をかけて流しておきましょう。あなたが住んでいる地域へのマナーです。

432

掛け時計をきれいにしてみませんか。意外とガラスが汚れているものです。時計をきれいにすると、部屋が明るい雰囲気になります。

433

会釈やおじぎをするときは、首でなく腰から曲げるようにします。相手に気持ちを伝えるものですから、深く、ていねいに、が基本です。

434

手紙には文章だけではなく、絵を添えてあげましょう。上手でなくても、ささやかな絵があることで、心も伝わりますし、もらった人はうれしいものです。

435

お皿を洗うときは、どの順番ですすいでいくか考えながら洗いましょう。水切りかごにちぐはぐにお皿が並んでいては、すっきりしません。

436

眠れない夜は足湯をしてみましょう。あたたかいお湯に足をつけてゆっくりすれば、きっと快眠を得られるでしょう。

437

防災用品を準備していますか？　急場のものは、必要とわかっていても放ったままになりがちです。最低限必要なものだけでもそろえておきましょう。

438

引っ越しをしたら、隣の家にあいさつに行きましょう。はじめにあいさつをしておくと、お互い何かと安心ですし、とても気持ちがいいものです。

439

12月に入ったら、そろそろ年賀状の準備をしましょう。はがきをそろえるときには名簿があると安心します。

440

運動不足のときは近所のプールに行ってみましょう。泳ぐ人もいれば歩く人もいて、みなそれぞれにからだを動かしています。

441

ベランダの掃除をしましょう。砂ぼこりやゴミがついて、案外汚れています。水を流してきれいにします。

442

通帳の整理をしましょう。見返す必要のない古い通帳は処分します。使っていない口座がないかの確認にもなります。

443

掃除の基本は、掃いて、拭くことです。掃除機にたよらずに掃除をしてみると、一日でこんなにほこりが出るのかと驚きます。

444

石けん水とストローを用意して、子どもと一緒にシャボン玉を楽しみましょう。晴れた青空にシャボン玉を飛ばすのは、気持ちのよいものです。

445

軒先の風鈴を忘れずにしまいましょう。涼しくなってからの風鈴は、かえってさびしいものです。

446

苦手な人にこそ、日頃のあいさつや声をかけることを忘れてはいけません。何より笑顔が大切です。

447

雨が降った次の日は、ベランダに傘を並べて干しましょう。すっかり乾けば次に使うときにも気持ちがいいですし、通りすがりの人の目にも楽しくなるでしょう。

448

冠婚葬祭に必要なものはそろっていますか？ きちんとした身なりは大人のマナーです。特に、お葬式は突然のことですから、準備しておかなくてはなりません。

449

お茶をいれるときは、お茶をいれることに集中します。高級でないお茶でも、ゆっくりていねいにいれると、とびきりおいしくなります。

450

ボディタオルもきれいに洗って干しましょう。体を洗うものですから、いつも清潔にしておきましょう。

451

今日こそ思い切って歯医者に行って、虫歯を治しましょう。そうしないと、だんだんとひどくなるばかりです。一緒に子どもの歯も診てもらうと安心です。

歯科医院は、歯が痛くなったときにだけ行けばよいというものではありません。最低でも一年に二度は定期的に診察をしてもらい、虫歯の検査をしてもらいましょう。

虫歯は、予防をするのか、もしくは治療をするのかで、歳をとったときに自分の歯がどれだけ残るのかが変わります。予防を習慣化すれば、虫歯になっても抜かなくて済みますし、実際、治療費も少なくて済むのです。

歯の健康は、暮らしを助けてくれます。せっかくのおいしいご馳走も、歯が悪ければ楽しめないからです。そしてまた、歯はよく見えるものですから、他人から見た印象にも関わります。汚い歯を他人に見られるのは恥ずかしいものです。

452

組み立て式の椅子やテーブルのネジは、意外とゆるんでいるものです。締め直しておきましょう。

最近の家具は、組み立て式のものが多くなっています。注文し、家に届いたときに、あまりのコンパクトさに驚くことでしょう。そして、なかには組み立てが複雑で、むつかしい家具も多いものです。

大切なのは、説明書のほか、付属のレンチといった道具です。無くしてしまうと、引っ越し時の分解に苦労します。よくある問題は、家具のきしみや、がたつきです。ほとんどの場合、ネジのゆるみなどが原因ですから、一度締めたネジの一つひとつを、レンチなどで締め直しましょう。使っていると、各部が自然とゆるんでしまうことは避けられません。いろいろな説明書と道具をひとつにまとめておくとよいでしょう。

453

暮らしや仕事のなかで、あいさつはとても大切です。どんなときでも、心であいさつをすることを忘れないように。あいさつはあなたを守ります。

社会からあなたを守ってくれるものはなんでしょう。それは他人ではありません。自分のことは自分で守らなければなりません。

自分を守る方法のひとつに、あいさつがあります。他人にあいさつをすることで、あなたが相手に対して、危害を加えない安全な人であると伝えることができます。あいさつをしないと、この人は何を考えているかわからない不気味な人、という印象を与えてしまいます。目を合わせて、はっきりとした言葉であいさつをすることが、社会において自分の身を守ることにつながります。

ちょこんと頭を下げるだけでなく、「こんにちは」、「さようなら」、「おつかれさまです」、と、省略せずに、はっきり言います。

454

買い物をするときは、自分にとって、ほんとうに価値のあるものなのかと考えましょう。必要と思っても、無しで済ます工夫を考えましょう。

455

トイレを出るときは、きちんと手を拭きましょう。濡れたままの手でドアノブを触ると、次の人が気持ちの悪い思いをします。

456

スリッパの裏が汚れていませんか？　いくら部屋をきれいにしても、スリッパが汚れていては、ほこりをまきちらすだけです。ときどききれいに拭いてあげましょう。

457

冷蔵庫が大活躍をはじめる頃には、なかをよく掃除して、古いものなど捨てましょう。いやなにおいもなくなります。

458

洋服にブラシをかけましょう。肩の縫い目や、袖つけのところ、ポケットにはほこりが入っていますから、特に念入りに。ゆるみはじめたボタンなども、つけ直しておきましょう。

ジャケットやコートの、襟や袖口の汚れは気にしますが、全体の汚れを気にする人は意外と少ないものです。目に見えにくいこともありますが、外の空気にさらされていますので、結構汚れているものです。

ですから、家に戻ったときには、洋服ブラシを全体にかけるように習慣づけましょう。生地の縫い目やポケットのなかは、気をつけて念入りに行います。ウール素材は、あまり洗濯をしないものですから、ブラシをかけるだけで汚れの積み重ねが減り、洋服が長持ちします。ちょっとしたひと手間や、やさしさが、長持ちのコツになります。クリーニングや洗濯をすると、それだけ洋服は風合いが損なわれ、生地が傷むと覚えておきましょう。

459

石けんやシャンプーなど、買いおきがなくて困ったことはありませんか？　常備品はチェックリストを作って、少し多めに用意しておきましょう。

460

シャツやコートのボタンが取れかかっていないかチェックしましょう。出かける前の忙しいときに限って取れたりするものです。時間のあるときに、まとめてつけ直しておきます。

461

友だちと久しぶりに会ったら、はじめに握手をしましょう。手の温もりから、会っていなかった時間をお互いに感じ合い、元気だったと喜び合えます。

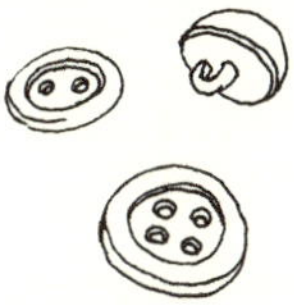

462

人を怒らせてしまったら、電話などで済ませずに、すぐに謝りに行きましょう。早ければ早いほど、あなたの誠意が伝わります。

463

きれいな包み紙は、捨てずにとっておきましょう。ものを包むときなどに使えば気が利いていますし、メモ紙にすれば見た目にもいいものです。

464

きびしい寒さをおぼえる夜になりました。ことにお年寄りには、ひざ掛けか肩掛けを一枚、早めに用意してあげましょう。

465

家中のハンガーをきれいに拭きましょう。特にベランダに置いてあるハンガーは汚れています。白い服をそれで干したら、汚れてしまって台無しです。

466

仕事を楽しむコツは、今の仕事の量を減らし、仕事とじっくり向き合うことです。楽しまない仕事に、いい結果は生まれません。まずは仕事の仕方と量を考えることが一歩になります。

467

ジュースやジャム、ベーコンなど、当たり前に買っていたものを自分で作ってみませんか？　子どもの頃に味わったような、作る喜びを感じることができます。

468

靴下をたたむときは、重ねてきれいに折りましょう。かかと部分をくるっと折り返してしまうと、ゴムが伸びてしまいます。

469

衣食住において、飾りはほどほどにしましょう。本来美しいそれらに飾りはいりません。

見栄えに自信がもてなくて、衣食住において、つい何かひとつふたつと飾りをつけようと思ってしまうのが普通です。しかし、飾りは美しい彩りにもなりますが、元の姿が失われることに注意しなければいけません。飾れば飾るほどに、本来美しいはずの元の姿を隠すことになってしまいます。

美しさは、目に見えるものだけではなく、そのものが本来そなえている、飾りのない純粋さにもひそんでいるのです。料理の味が目に見えないのと同じです。飾りが虚飾にならないようにしなければいけません。

ひとつも飾りのない美しさとは何かをよく知ることです。そのうえで、ささやかな飾りを工夫し、楽しみましょう。

あとがき

暮しの手帖を作ってから六十年がたちました。振り返ると、あっという間のことで、もうそんなにたったのかという気持ちでございます。

昭和二十三年九月二十日に、暮しの手帖を創刊いたしました。当時、「日本読書新聞」で働いていた私に、花森安治が、

「大橋くん、君は雑誌を作りたいと思わないか」

と言ったのがはじまりでございました。

私は、北海道の岩見沢という田舎で育ちましたから、知らないことがたくさんありました。私が知りたいと思うことを本にしたい、そうすれば人の役に立つのではないか。暮らしが少しでも楽しくなるのではないか。そんなことを花森安治と話し、暮しの手帖の前身である『スタイルブック』を作りました。その後、暮しの手帖となりました。

暮しの手帖の創刊号は、一万部印刷いたしました。しかし当時はまだ輸送

力がなく配給会社から書店に配ってもらったのは七千部でした。三千部が編集室に山積みになっています。命をかけて作った暮しの手帖が紙くずになってしまうのは、身の切られる思いでございました。

「残りも、なんとかして書店においてもらいましょう。買っていただけなくても、手にとって、見てもらうだけでいいんじゃないですか。このままでは紙くずになってしまいます」

私は花森安治にこう言いました。

すると花森安治は一言、

「そうしてくれるか」

と言いました。

そこで私をふくめた女四人が、リュック一杯に暮しの手帖をつめて背負い、

「こんど、私どもで暮しの手帖という新しい雑誌を作りました。どうかお店に、五冊でも、十冊でもおいて下さい」

と本屋さんにお願いして廻ったのです。

そのようにして六十年が過ぎた今でも、私たちが暮しの手帖にこめる思いはひとつも変わっておりません。

暮らしのなかで大切にしたいことは、みなさまそれぞれにおありだと存じます。私の場合は、人と会いたいということ、おいしいものを毎日食べたいということ、いい絵を見たいということでございます。

特に、人と会うことは子どもの頃から大好きで、暮しの手帖をはじめてから も、原稿をとりに行くとなればどこへでも喜んで行きましたし、読者のみなさまともしょっちゅうお話をしておりました。それも毎日のことでございましたので、見かねて花森安治が「君は人と会ってばかりでちっとも仕事をしていない」と怒ったほどでしたが、私は楽しくて仕方ありませんでした。

こうした毎日の楽しみが、また明日の暮らしを楽しくしてくれるように、この「暮らしのヒント集」が、みなさまの暮らしの役に立てばこれ以上ない幸せでございます。いまは、そんな思いで一杯でございます。

最後に、広告をのせていない暮しの手帖は、一冊一冊をお買い下さったみなさまのおかげで、今日までつづけてこられました。これまでも何度か、誌面でみなさまにお礼申し上げてまいりましたが、おひとり、おひとりにお目にかかってお礼申し上げたい気持ちは今も変わりません。どうぞ、これからも暮しの手帖をご愛読くださいますよう、よろしくお願い申し上げます。

平成二十一年四月

暮しの手帖社社主　大橋鎭子

暮らしのヒント集
平成二十一年四月十六日　初版第一刷発行
著　者　暮しの手帖編集部
発行者　横山　泰子
発行所　暮しの手帖社　東京都新宿区北新宿一ノ三五ノ二〇
電　話　〇三―五三三八―六〇一一
印刷所　凸版印刷株式会社

落丁乱丁がありましたらお取り替えいたします
定価はカバーに表示してあります
ISBN978-4-7660-0161-7 C0095

Printed in Japan